消費税を
上げずに

社会保障財源 38兆円を 生む税制

◆不公平な税制をただす会 編

大月書店

消費税を上げずに 社会保障財源38兆円を生む税制

目 次

はじめに

——考えてみよう日本の税制と社会保障 8

序　章 | ゆがめられた日本の税制 10

はじめに　10

1，拡大する税金の不公平　10

2，税金は法律にもとづいて納めるもの　17

3，日本もギリシャのように財政破綻国になるのか？　23

4，消費税増税でも財政赤字は変わらず，人々の生活も苦しく
　　——安倍政権の失敗　25

5，消費税にたよらなくても財源はある　27

第1章 | 景気を悪くし，生活を苦しくする消費税 30

はじめに　30

1，そもそも，消費税とは何か？　31

2，消費税は景気を悪くする　33

3，消費税のおかげで巨額の富を得る大企業　35

4，軽減税率で，食品は安くなる？　39

5，「社会保障のために消費税を使う」は本当か？　43

6，消費税タイプの税金は国家にとってよくない！
　　——アメリカの選択　46

第2章 | 所得税は高い？ 安い？ 50

1，勤労者に厳しい日本の所得税 50

2，働く人の税金と資産家の税金はどう違う 56

3，株のもうけには安い税金しかかからない?! 61

4，配偶者控除の廃止をどう考える？ 62

第3章 | 日本の住民税は重い 66

1，住民税，どうして社長も私も10％？ 66

2，「所得割」一律10％の，どこかおかしな理由 68

3，低所得者を直撃する負担増 70

4，株のもうけや配当金の税率は半分の5％ 70

5，住民税の均等割はすぐに廃止すべき 71

6，なぜ住民税は高いのか？ 72

7，個人住民税を負担能力に応じた公平な税制に 74

第4章 | 日本の法人税は高くない 76

1，法人税の二つの考え方
——会社の利益は会社のものか，株主のものか？ 76

2，巨大企業は極小で中小企業は極大の税負担 79

3，「日本の法人税は高い」というまやかし 83

4，トヨタ自動車は法人税を払っていなかった 88

5，中小企業の税負担は増加——法人事業税の外形標準課税 91

6，大企業には高く，中小企業には低く 93

第5章 不公平な税制をなくせば社会保障財源が得られる　96

1，財源試算（増収）のポイント　96

2，税金は福祉社会建設のために使うもの　99

3，税の使い方（歳出）の見直しのポイント　100

4，不公平な税制をただせば38兆円強の増収に　100

5，税金は，豊かな社会保障を実現するために　103

はじめに——考えてみよう日本の税制と社会保障

　私たちは，いろいろなかたちで税金や社会保険料を納めています。しかし，その納めた税金が国や地方自治体の行政サービスやインフラの整備に活用され，生活を豊かにしているという実感は，残念ながらありません。むしろ，「保育園落ちた日本死ね！」で大きな問題となった大量の待機児童，「下流老人」への転落などの不安は高まり，さらに年金の切り下げ，介護保険料や国民健康保険料の値上げなど，私たちの負担増はとどまるところを知りません。

　その一方で，軍事費は5年連続で増額されました。それは，特定秘密保護法，戦争法（安全保障法制），そして共謀罪法が強行採決される状況のなかで，さらなる伸びを記録しそうな勢いです。また，森友学園や加計学園への税金を使った巨額な利益供与については，国会での野党の追及にもかかわらず，安倍政権はうやむやにしようとしています。さらに安倍政権は，2018年内の改憲発議を目標としていると報道されていますが，憲法改正国民投票にかかる費用は600〜800億円ともいわれています。

　このような，政治の動きを注意深く監視することは，税の取り方，使い方を考えるうえで，きわめて重要です。

　政府・財務省はこれまで，税制改革といえば「消費税増税」しか選択肢が存在しないかのような主張を，マスコミを使って広く国民に浸透させてきました。しかし，消費税増税は，庶民の懐と中小企業の経営を直撃するものです。他方，高額所得や大企業に対しては，法人税減税や

特別措置で優遇する税制度が固定化し，貧困と格差がさらに拡大しています。本来あるべき税の公平性に，ゆがみが広がっているのです。

しかし，このような事態だからこそ，日本国憲法の原点に立ち返ってみることが大切です。

憲法は，「すべて国民は法のもとに平等である」とうたっています。現代社会においてこの「平等」は形式だけでなく「実質的な平等」であるとされています。ですから，憲法が定める「納税の義務」は「実質的に平等な税負担をする義務」という意味です。各人の収入や企業実績の状況は多々ありますが「経済的な能力に応じて税を負担する」ということを憲法は定めているのです。これを「応能負担原則」といい，日本の税制度の根幹にある大原則です。税金の取り方と使い方において憲法原則を実現することによってのみ，財政健全化や福祉の充実が実現できるのです。

「不公平な税制をただす会」は，1977年1月に，戦後日本の納税者運動を統一して展開させようと"志を一つ"にして創立されました。そして例年，応能負担原則にたって，消費税，法人税，所得税など，日本の不公平税制をただせば，どれだけの財源が確保できるか試算を示してきました。

そうした蓄積をもとに，本書では，日本の税制がどのようにゆがめられているのか，日本国憲法の原理にもとづく税制はどうあるべきなのか，消費税，所得税，住民税，法人税などの問題点を分析し，直近の年度で不公平税制をただせば，どれだけの税収が確保できるかを具体的に試算しています。そして，それだけの予算が確保できれば，豊かな社会保障が実現できることを示しました。

本書が，税制の改革を求める運動とともに社会保障分野でもおおいに活用されることを期待しています。

| 序章 | **ゆがめられた日本の税制**

はじめに

　「高い」「取られるばかり」「タックス・ヘイブンとか，大金持ちばかりが得してる」——税金とその仕組みに，不満や疑問をもっている人は多いと思います。でも，どこがおかしいのか，何が不公平なのか，詳しいことはわからない，という人が大半ではないでしょうか。たしかに税金の仕組みは複雑で難しく，パッとわかるものではありません。

　しかし，日本の税制がどのようなものかについて基礎的な知識をもつことは，大人の教養として必須だといえます。その具体的な仕組みや問題点については，第1章から第4章で述べていきますが，この序章では，代表的な国の税金である，法人税，所得税，消費税，相続税について，その何がおかしいのか，どこが不公平なのかを概観し，日本国憲法にもとづく税のあり方とはどのようなものか，また，公平な税制を実現するためのポイントについて，大枠をつかんでおきましょう。

1，拡大する税金の不公平

（1）税率の大幅な引き下げ，大企業を優遇する法人税

　法人税は，法人がもうけた利益にかける税金です。法人には，トヨタ自動車のような大企業ばかりでなく，たった1人でやっている小さな株式会社まで含まれます。法人税の税率は1984（昭和59）年には43.3％で

したが，2016（平成28）年には23.4％まで引き下げられました。さらに2018（平成30）年4月から23.2％に引き下げられることになっています。

　なぜ近年，法人税の税率が半分近くまで下げられたのでしょうか。安倍政権は，企業の国際競争力を強化して経済好循環につなげるために引き下げが必要だといっています。また，新自由主義とグローバリゼーション下で展開される世界的な法人税の引き下げ合戦のなかにあって，海外企業を日本へ誘致するためにも，実行すべきだとしています。

　しかし実際のところ，内部留保は過去最高額に増えたものの，大きな利益を出しているトヨタなどの大企業の税負担は減り，肝心の経済の好循環は生まれていない，という状況です。

　しかも，大企業の法人税を大幅に減らす一方で，その多くが赤字を抱える資本金1億円未満の中小企業については，負担を強める方向を打ち出しています。たとえば，これまで資本金1億円以上の企業が対象だった「外形標準課税」（本書第4章91ページ参照）を中小企業に対しても導入し，資本金や給与総額に事業税をかけることをねらっています。これは，赤字の会社にも税金を納めさせる仕組みのため，中小企業団体が強く反対していますが，予断を許さない状況にあります。

◎大企業も中小企業も同じ税率

　もっとおかしなことがあります。日本の法人税率は，トヨタのような大企業も町の中小企業も，同一の税率なのです。これを比例税率といいます。この比例税率は一見すると公平なように見えますが，決して公平な仕組みではありません。なぜなら，支払い能力の低い企業ほど税負担が重くなるからです。ですから，大きなもうけには高い税率をかけ，もうけが少ないところには低い税率をかけるのが，真に公平な仕組みだといえます。

　そもそも税金は，支払い能力の高いところから取って，支払い能力のないところに回すはたらきをもっています。これを所得再分配機能とい

います。比例税率ではこの大切な機能が失われてしまうのです。

　ちなみにアメリカの法人税率は15％，25％，34％，35％，38％，39％の6段階になっています（2016年分）。つまり，利益の大きな企業には高い税率で課税する仕組みになっているのです。日本では利益の大小にかかわらず一律23.2％（2018年以後の税率）で，利益の大きい企業ほど税引後に使える額が大きくなる仕組みです。日本の法人税率も，アメリカのように複数の税率にすべきです。

◎巨大企業の税負担は，ただ同然

　税率だけが不公平なのではありません。日本の大企業は，いろいろな優遇措置を使って，その巨額の利益に比して，あまりに少ない税金しか払っていません。2010年から2014年まで5年間の法人税などの平均負担割合は，三菱商事7.9％，伊藤忠商事2.2％，三井物産マイナス0.7％となっています（税理士の菅隆徳調べ。『税制研究』No.69，2016年2月）。なお「法人税など」と記しましたが，これは法人税のほか法人事業税，法人住民税の三つを合わせたもので「法人3税」といいます。

　2015年の法人3税の合計税率は34.2％でした。ところが，巨大企業が同年に支払った法人3税は，三菱電機0.9％，武田薬品工業1.2％，日産自動車1.7％，伊藤忠商事2.8％と報じられています（『しんぶん赤旗』2016年7月8日）。普通の会社が利益の34.2％の税金を払っているのに，多額の利益を得ている大企業の負担の低さは異常です。それは，これらの大企業がさまざまな優遇措置を受けているからです（優遇措置については第4章に詳しく書いてあります）。

（2）高額所得者・資産家を優遇する所得税

　優遇されているのは，巨大企業だけではありません。資産家や高額所得者も，手厚い優遇措置によって，税負担がぐんと軽くなっています。人々の収入にかかる所得税は2017年現在，5〜45％まで7段階の税率に

図1 申告納税者の所得税負担率（2013年度）

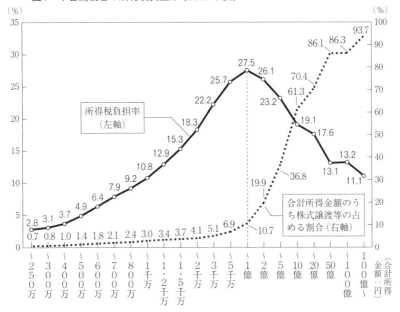

出所）財務省「2015年説明資料」より。

なっています。最低税率は5％，最高税率は45％ですが課税される所得に応じて段階的に税率が増えていく仕組みです。

ところが，財務省が発表した「申告納税者の所得税負担率（2013年分）」によると，所得税の負担率は1億円を頂点に，それ以上になるとだんだん下がり，100億円以上の人は11.1％しか負担していません（図1参照）。なぜこうなるのでしょうか。

◎株や配当には低い税率

資産家や高額所得者は，株で利益を得ている人が多いのですが，株を売ったもうけや配当金は，ほかの収入と切り離して，一律20％（所得税：15％，住民税：5％）と低く抑えられています。しかも2013年12月末までは，この20％の税率は10％（所得税：7％，住民税：3％）でした。図1の株を売った人の割合を見てください。100億円を超える所得の人の負担

率が11.1％になっているのはその所得のうち93.7％が株を売ったもうけだからです。

　国民や野党の指摘によってようやく2014年1月から20％になりましたが，20％に上がったからといっても資産家優遇であることに変わりはありません。

　所得税は高額所得者には応分の負担をしてもらうため最高税率が45％となっていますが，株のもうけや配当金をほかの所得と切り離して低い税率にしているため，超高額所得者の所得税負担率が小さくなるのです。

　「もうけの半分も税金にもっていかれるんですよ。働くのがイヤになるでしょう」という声を聞くことがあります。しかし，これは誤った理解です。第2章で詳しく説明しますが，所得税の最高税率45％がかかるのは所得が4,000万円を超えた部分だけで，すべての所得に45％の税率がかかるわけではありません。実際には所得が5,000万円の人でも4,000万円未満は税率が低くなりますから，所得税は1,770万円，35.4％です（2016年以後）。

　税の本来の機能である，所得再分配のためには，株のもうけや配当金もほかの所得に含めて累進課税にすべきです。

（3）中小企業・経済的弱者に厳しい消費税
◎力の弱い小企業ほど重い負担

　消費税は，製造，卸，小売，サービスなどすべての事業者に課税されます。政府は消費税について，「事業者の売上に対する消費税分は，販売する物品やサービスの価格に上乗せされて次々に転嫁され，最終的には消費者が負担するもの」と説明しています。ですが，この説明は間違っています。

　実際には，「次々に転嫁」されることはありません。力の強い大企業は消費税を理由に価格をつり上げる一方で，下請けに対しては単価の切り下げを要求するなどして，より多くのもうけを確保しようとします。消

費税は，価格を主体的に決められる大企業にとっては，腹が痛まないどころか利益さえ生みます。しかし，大企業の下請けや個人事業主など力の弱い中小零細企業にとって，赤字でも納めなければならない消費税の負担は，きわめて重いものです。消費税を払えるような利益を確保できず，滞納せざるをえなくなり，やがては倒産・廃業に追い込まれる企業も多数あります。

◎低所得者ほど負担が重くのしかかる

　消費者にも，消費税の負担は重くのしかかっています。とりわけ貯蓄に回すお金もなく，ギリギリの生活を送っている低所得者にとって，その打撃は大きなものです。消費税が上がると，財布のひもが固くなり消費が冷え込むのが常ですが，食料品や生活雑貨など日々の生活を送るために欠かせないものは，買い控えをしようとしても限界があります。消費者は，生活に必要な物を買わなければ生きていけません。消費税は，余裕のない生活を送る人々を，より経済的に苦しめる税金だといえます。

◎国民をだまして導入した消費税

　消費税は景気を後退させ，人々の生活を圧迫します。ですから，日本では国民の反対が強く，長い間，消費税を導入することができませんでした。

　中曽根康弘首相は，1986年7月の衆参同時選挙のときに，「大型間接税は導入致しません」，「この顔が嘘をつく顔に見えますか」と公言しました。ところが，衆議院で300議席を獲得した中曽根内閣は，その舌の根も乾かぬ同年12月，売上税という名の大型間接税の導入を決め，翌1987年2月に国会に法案を提出しました。

　しかし，同年4月の統一地方選挙で売上税が争点となり，公約違反の自民党は大敗したため，売上税を撤回せざるをえなくなりました。中曽根内閣は総辞職に追い込まれ，かわった竹下登内閣は，中曽根内閣が大

型間接税はやらないと国民をだまして獲得した300議席を背景に，1988年12月24日，税率を３％にして公約違反の消費税法を強行成立させたのです。

（4）庶民にまで襲いかかる相続税

◎引き下げられた基礎控除

相続税は亡くなった人の遺産にかかる税金です。相続税は遺産が少ないときには税金がかかりません。相続税がかかるのは，[3,000万円＋（600万円×相続人の数）] 以上となっています。たとえば，夫が亡くなり，遺族が妻と子２人だとすると，3,000万円に1,800万円をたした4,800万円までかかりません。これを基礎控除といいます。基礎控除は2015年からそれ以前の60％に下げられました。その結果，持ち家以外に資産のない庶民にまで相続税の負担が襲いかかるようになりました。

相続税は資産家がなくなった際，それまで蓄えた財産を社会に返して格差をなくそうとするものです。そのため，相続税は遺産の多い人には高い税率で，遺産の少ない人には低い税率で課税する累進税率になっています。つまり，富の再分配をおこなうという役割を担っているのです。

ところが，2002年までは一番低い税率が10％で，最高税率は70％だったのが，2003年から最高税率が50％に下げられました。最高税率の70％がかかるのは，遺族１人が受け取る遺産が20億円を超える人でした。それが50％に引き下げられたのです。これは，富の再分配の理念に反するものです。

◎住んでいる家や土地への課税は廃止すべき

相続税がかかる遺産で，一番大きいのは土地です。土地をいくらに評価するかによって相続税は大きく違ってきます。土地の評価はいくらで売れるか，つまり時価によるのですが，売却予定のない現在住んでいるところにまで，売ったらいくらと評価して税金を課すのは乱暴な話で

す。土地の評価は売り値ではなく，その土地がどのように利用されているかによって決めるべきものです。まず，実際に暮らしている土地には相続税をかけないこと，つまり評価をゼロにすべきです。また，大きな利益を生むビルの敷地はそのもうけを基準に評価し，反対に，売上の小さな商店の土地には収益に見合った課税をすべきでしょう。

なお現在，330㎡までの小規模な住宅が建っている土地については，評価額から最高80％減らす制度があります。しかし，こういう土地は遺族が生きてゆくためになくてはならない財産ですから，評価をゼロにすべきです。

2，税金は法律にもとづいて納めるもの

（1）近代税制の原則

近代社会では税金を取るための約束・原則があります。以下の諸原則は人々の長いたたかいによって勝ちとられてきたものです。

①まず，税金は国民の代表者で構成される議会が決めた法律によって取らなければならないという原則です。これを租税法律主義といいます。知らないうちに取られたり，誰がどこで決めたのかわからないのに取られてはたまりません。法律に規定がない税金は納める必要はありません。

②税金は公平に取らなくてはなりません。税金をかけるうえでの公平とは，能力に応じて，たくさんあるところには高い税率で，小さな所得のところには低い税率でかけなくてはなりません。これを応能負担原則といいます。応能負担原則を実現するためには税率を累進税率にしなくてはなりません。また税金はあるところから取って，ないところに回す機能をもっています。これを所得再分配機能といいます。

③税金は勤労による所得には軽く，不労所得には重く課税しなくては

なりません。また，最低生活費には課税してはなりません。そのために所得税などには基礎控除や扶養控除が設けられています。これらの控除は最低生活費より大きくなければなりません。これを最低生活費非課税の原則といいます。

（2）憲法と税金

日本国憲法に「税」という言葉が登場するのはつぎの二つの条文です。

30条（法律なくして納税なしの原則）

　国民は，法律の定めるところにより，納税の義務を負ふ。

84条（法律なくして課税なしの原則）

　あらたに租税を課し，又は現行の租税を変更するには，法律又は法律の定める条件によることを必要とする。

◎法律なくして課税なしの原則

　国家と国民との税にかかわる法律関係の基本は，「法律なくして課税なしの原則」です。これは前にも書きましたが租税法律主義といわれるものです。

　国は法律の根拠なしには税金を取れませんし，国民の立場からすれば法律の根拠なしに税金を取られることはありません。

　人々が安心して払える税金の仕組みや集めた税金の使い道は，憲法の精神を生かすことによって実現します。

◎税金の取り方の二つの考え方

　税金の取り方には二つの考え方があるといわれます。一つは，人々の能力に応じて税金を払うという考え方（応能負担原則）と，もう一つは受けた利益に応じて税金を払うという考え方（応益負担）です。

応益負担は,「行政サービスにより利益を受ける者はその利益に応じて税金を負担すべき」とする考え方で,よく住民税などの地方税を増税する根拠として持ちだされます。応益負担は,払う能力がなくても,たとえば道を歩いただけで,行政サービスを受けているとして税金を払わなくてはならないという考え方ですから,庶民泣かせということになります。

　一方,応能負担原則は負担能力に応じて税金を負担する考え方ですから,「ないところからは取らず,あるところからたくさん取る」ことになります。応能負担原則は庶民・低所得層に優しい負担で,前にも書きましたが,近代税制の公平原則です。

◎憲法から導かれる応能負担原則

　応能負担原則は次のような憲法条文から導かれます。

　①13条（個人の尊重・幸福追求権）

　憲法13条は,「すべて国民は,個人として尊重される。生命,自由及び幸福追求に対する国民の権利については,公共の福祉に反しない限り,立法その他の国政の上で,最大の尊重を必要とする」と定めています。

　負担能力を考慮しない税金は,低所得者が生きていくことを困難にします。憲法が「生命,自由及び幸福追求に対する国民の権利は最大の尊重を必要とする」と規定しているのは,人権が長い期間にわたる世界諸国民の絶えざる努力によって勝ちとられたものだからです。応能負担原則は人権を守るための大切な原則なのです。

　②14条（法の下の平等）

　憲法14条は,「すべて国民は,法の下に平等であつて,人種,信条,性別,社会的身分又は門地により,政治的,経済的又は社会的関係において,差別されない……」と定めています。

　ここで憲法がいう平等は同じ税率で負担する平等ではありません。税金を払う能力は人によって差があります。それぞれの人の支払い能力に

応じて納める税金の負担率に差を設けるのが累進税率です。税率に段階的な刻みを設けることは憲法に定める法の下の平等に反しません。むしろ差を設けなければ平等原則に反することになります。

　所得税の税率刻みは1974年当時19段階あり，住民税も累進税率になっていました。このとき，所得税と住民税を合わせた最高税率は93％でした。これではあまりに高すぎるという声があり，税率刻みを少なくするとともに最高税率をどんどん下げてきました。所得税はいま，5％から45％までの7段階，住民税は一律10％になっています。

　応能負担原則は実際に税金を払える能力がある人にたくさん負担してもらうことが必要ですが，所得税や住民税はこれを実現することができる税金です。最高税率を下げるのではなく，超高額所得者にはもっと高い税率で負担してもらうべきです。そうすれば税収もぐっと増えます（詳しくは，第2章，第3章，第5章を参照してください）。

　③25条（生存権・国の使命）

　憲法25条は，「すべて国民は，健康で文化的な最低限度の生活を営む権利を有する。国は，すべての生活部面について，社会福祉，社会保障及び公衆衛生の向上及び増進に努めなければならない」と定めています。負担能力がない人に払わせるような税金，健康で文化的な生活にまで手を伸ばしてくるような税金は生存権を奪うものです。

　④29条（財産権）

　人々が生きていくのに必要な生存権的財産に税金をかけることは，憲法29条に違反します。ここで大切なことは，憲法で守られるべきものは基本的人権ですから，生存権に必要な財産に限って税金をかけないということです。巨額な株や預金，広い土地などはむしろ課税を強化しなければなりません。

◎税金は福祉社会建設のために使う

　憲法はその前文で，“全世界の国民が，平和のうちに生存する権利を有

することを確認"しています。そのうえで9条において"国権の発動たる戦争の永久放棄・戦力不保持および国の交戦権の否認"を確認し，あわせて生存権の保障をうたっています。

このように平和と生存権を重視している憲法の下では，税金はまず福祉社会建設のために使う，ということになります。憲法30条に「納税の義務を負う」とありますが，納めた税金が福祉と平和のために使われることを前提にしています。

（3）社会保険料も一種の税金

社会保険料は国や自治体が個人や企業から強制的に徴収するものですから一種の税金です。社会保険料の主なものは，①健康保険の保険料（社保），②国民健康保険の保険料・保険税，③介護保険料，④雇用保険料，⑤厚生年金など公的年金等の掛金，⑥労災保険料などがあります。

社会保険料も税金の一種ですから，支払い能力に応じて取るようにしなくてはなりません。つまり応能負担原則にかなった取り方をしなければならないはずです。ところが，いまの社会保険料は高額所得者も所得の低い人も同じパーセントで払わされています。国民年金保険料にいたっては同じ金額です。そのため，滞納者がものすごい数にのぼっているのです。

◎富の再分配は政府の義務

現在の資本主義社会では，市場における競争に勝った者が大きな富を手にします。しかし，競争の勝者と敗者とのあいだに貧富の差が生ずるのは止められないとしても，不平等を少しでも小さくし，格差をなくすことは，社会の安定と人々の暮らしを守るためにきわめて重要です。そのためにこそ税金の仕組みが必要で，それが，所得再分配機能といわれるものです。

驚くほど高い役員の給料を紹介しましょう。ソフトバンクグループの

ニケシュ・アローラ前副社長が1年間にもらった給料は，103億4,600万円，同社歴代役員報酬の最高額です。同社のロナルド・フィッシャー取締役副会長は24億2,700万円，ソニーのマイケル・リントン執行役EVPは11億3,600万円，同社の平井一夫代表執行役社長兼CEOが9億5,500万円，ソフトバンクグループの宮内謙代表取締役副社長が6億1,700万円です。これらが2017年3月決算で報告された役員の給料です（東京商工リサーチ，2017年6月21日配信）。

　所得再分配とは，税金の取り方のほか，集めた税金を社会保障・福祉・公共事業などに使い，人々の生活を豊かにすることも含まれます。つまり，上にあげた超高額所得者や資産家により多くの税金を負担してもらい，その税金を社会保障や福祉などを通じて弱者に移すのです。所得再分配は人々が人間らしい生活をするために，弱者が強者の「えじき」になる弊害をなくすべく人々に保障された制度です。政府や議会はその要求にこたえる義務があります。

　一人ひとりの生活をおろそかにしては社会がなりたちません。人々が社会のなかで人間らしい生活をするために，社会に生まれる弱肉強食の弊害をなくすよう国や政府に求めることは当然の権利です。これを社会権といいます。

　社会権には，憲法で保障された「健康で文化的な最低限度の生活を営む権利」や，教育を受ける権利，勤労の権利，労働基本権などがあります。

　社会権を侵害する事件の一例をつぎに紹介しましょう

◎奨学金回収のための強制執行急増

　憲法26条がうたう教育を受ける権利ですが，いまにいたるも，それが十分に保障されているとはいえません。とりわけ，公費負担がなされていない高等教育については，利息付きの奨学金を得て通学する学生が約半数となり，しかも，卒業後に不安定雇用となる者が増加するなかで，

返済不能者が増えています。そのため日本学生支援機構が強制執行に乗り出したというのです。『東京新聞』(2017年2月2日)は，つぎのように概要を報じています。

　"日本学生支援機構から奨学金を借りた人が返せなくなり，給料の差し押さえなど強制執行にまで進むケースが急増している。返せないのは就職できなかったり，低賃金が続くことが大きく影響している。専門学校を卒業してアパレル業界に就職した都内の30代男性は学生時代に約430万円の奨学金を借りた。いまの給料は手取り15万円程度。返還が滞り，2015年冬に支援機構と毎月約3万円の支払いを約束したが，延滞金も含め返還額は400万円以上も残った。結局，返せなくなり，数か月後に給料を差し押さえる「強制執行」を予告する通知が届いた。奨学金の回収のため，簡易裁判所を通じた支払い請求や強制執行など法的措置が強化されている"。

　政府は，こうした事態を受けて，利息なしの奨学金の枠を若干増やし，また，高等教育の無償化を憲法に盛り込むなどといいはじめていますが，日本は他の先進国と同様に，教育の完全無償を実現しようと思えばできる富を十分もっています(詳しくは，第5章参照)。肝心なのは，税金の取り方と使い方の問題です。

3，日本もギリシャのように財政破綻国になるのか？

◎ギリシャと日本はどこが同じ？

　2009〜10年ごろ，ギリシャの財政破綻が世界的な問題となり，先進国で飛びぬけて財政赤字額が高い日本も同じ状態になる，と危機感があおられました。たしかに，国の借金，国債の残高が大きいことは，日本もギリシャと同じです。

ギリシャの2016年末の借金の残高は3,183億ユーロ，1ユーロ130円として41兆3,790億円になります。ギリシャ政府の借金は国民総所得・GDPの181.33％になります。日本の2016年末の借金の残高は1,285兆円で国民総所得・GDPの239.18％になります。

　ギリシャの人口は約1,081万人，日本の人口は約1億2,700万人でギリシャの11.7倍になりますから，借金の額も単純に比較することはできませんが，大きな借金を抱えていることは共通しています。むしろ日本は対GDPでギリシャを上回っていますから，深刻度は日本のほうが上といえるかもしれません。

　政府は「日本のほうがギリシャより借金が大きい。借金を減らすためには消費税の増税が必要だ」といってきました。また，国が抱える借金は，国民1人当たりに換算すると800万円を超えている，といいます。たしかに借金に依存するのは望ましいことではありません。しかし，借金はいっぺんに返すわけではありません。日本の借金の対GDP比がギリシャに比べて大きいとしても，そこだけを捉えて「このままいけば，日本もギリシャのようになり，経済がめちゃくちゃになる」と考えるのは間違いです。

◎ギリシャと日本はどこが違う？

　では，ギリシャと日本はどこが違うのでしょうか。

　ギリシャが借金をしていたのは，外国の政府や企業からでした。そして，この借金返済のために現金化できる資産を売り払ってしまい，いわば文無しになったのです。ギリシャの国債の信用は急激に下落し，国債を買っていた人はどんどん手放しはじめました。そのため，2010年にはギリシャの国債の金利は，36％以上にもなってしまったのです。

　他方，日本は，2014年3月末で652兆円を超える株や，よits国の国債をもっています。そのほか，国がもっている土地や官庁の建物などの不動産も相当な額にのぼります。企業に置き換えてみると，借金だけを

見るのではなく財産のほうも見なくては，健全な企業かどうか判断できません。日本の国も同じです。

　また，日本の借入先はほとんどが日本の銀行や生命保険会社，日銀など国内にとどまっています。いわば親戚から借りているようなもので，ギリシャのように日本の国債が一気に暴落する危険は，ほとんどありません。

　ですから，借金がたくさんあることを理由に消費税を増税する必要はありませんし，ギリシャのように借金が返済できず債務不履行（デフォルトといいます）になることもありません。

4，消費税増税でも財政赤字は変わらず，
##　　人々の生活も苦しく──安倍政権の失敗

◎消費の低迷続く

　日本はギリシャのような財政破綻をしない，といいましたが，多額の財政赤字を続けることがいいわけはありません。2012年12月に政権復帰をした安倍晋三首相は，今後さらに進む高齢化にともなう社会保障費の増加など，人々の不安をくみとるかのように，「経済再生」を最優先させるといいました。

　しかし，異常な金融緩和や財政拡大，「規制緩和」による企業へのテコ入れを柱にした政策は，大企業や大資産家の懐を豊かにしただけで人々の財布を豊かにしませんでした。安倍内閣の経済政策は消費拡大に結びつかず，2014年4月に消費税を8％に上げたこともあって，経済の6割を占める消費の低迷が続いています。安倍政権の経済政策は失敗したといってもいいでしょう。

◎消費税を増税しながら社会保障は削減

　安倍首相は「消費税の増収分は全額社会保障の充実・安定化にあてる」

といいました。ところが，2013，2014，2015年度には毎年8,000億円から1兆円近く見込まれた社会保障費の自然増を，3,000億円から5,000億円近く減らしています。削減の中心は生活保護費や介護報酬です。

　小泉政権は，社会保障を削減しましたが，消費税は上げませんでした。安倍政権は消費税を増税し，しかも社会保障の削減を小泉政権以上に進めたのです。これだけ見ても消費税増税が社会保障のためというのは大ウソだとわかります。では，消費税の増税分はどこに消えたのでしょうか。ずばりいえば，大企業の法人税減税の穴埋めにあてたのです。

◎基礎的財政収支はいつになっても黒字にならず

　近年，「基礎的財政収支（プライマリーバランス）」という言葉を，テレビ・新聞で見聞きすることが多くなったように思います。国の財政状況の指標としてよく使われるのですが，簡単にいうと，国の収入から借金を引いた金額と支出から国債の返済額と利息を引いた金額のバランスがとれているかどうかを見るものです。つまり，税金の収入だけで一般の経費支出をまかなっているかどうかということです。

　逆にいうと，一般の経費支出を借金せずに税収だけで払っているかを見るのです。企業にたとえれば，銀行の返済は別にして，売上だけで仕入や経費を支払っているかどうかという指針です。売上が低迷し借金だけで仕入や経費を払うようでは，いずれ倒産することになります。

　ところが日本の国は，一般の経費支出が税金だけではまかなえず，借金をして支払っている状態です。こういう状態をプライマリーバランスがマイナス，赤字になっているといいます。

　安倍政権は2010年のG20で，プライマリーバランスを2020年に黒字にすると国際公約をしました。しかし，2017年7月18日に開かれた経済財政諮問会議は，2020年度になってもプライマリーバランスは8.2兆円の赤字になるという政府の試算をだしました。

　そうなった理由は，税金を取るべきところから取らないことと，思っ

たような経済成長が見込めないためです。安倍政権は国際公約を果たすことができないばかりか，ますます借金を重ねていくことになります。安倍政権の経済政策は，ここでも失敗が明らかになりました。

◎**大砲よりバターを**

　安倍政権は税金の「使い方」の面でも問題があります。国や政府は国民の税金で国の仕事をおこなうのですから，金持ちだけがうるおって格差と貧困が拡大するような使い方をしてはなりません。社会保障を手厚くするなど税金を人々に再分配しなくてはなりません。

　ところが安倍政権になって軍事費は5年連続で増えつづけています。「大砲よりバターを」という言葉がありますが，じつは1930年代，ドイツでナチスが大軍拡を進めたときのスローガンはまったく逆に「バターより大砲」でした。異常な大軍拡のあげくドイツが亡国の道を突き進んだのは周知の事実です。

　安倍政権の軍事費拡大で日本の軍事力はすでに世界有数の水準に達しています。一方，教育への公的支出は経済協力開発機構（OECD）33か国中32位です。安倍政権は税金の使い方を「バターより大砲」から「大砲よりバター」に切り換えるべきです。

5，消費税にたよらなくても財源はある

　政府は，少子高齢化社会が今後ますます加速し，現役世代が1人の高齢者を支える「肩車社会」の到来にそなえるには，消費税を上げる必要がある，といっています。また，多くの専門家は安定的な税収を確保するには消費税増税が必要だといいます。しかし，これはまったくのまやかしです。家計もそうですが，国の台所も収入と支出を好転させるには，収入と支出の両方を根本的に見直すことが必要です。

◎不公平税制の是正で38兆円以上の増収

　まず収入面を抜本的に見直します。見直しの視点は憲法が要請する応能負担原則にもとづいて負担能力のあるところにたくさん払ってもらうことです。負担能力があるにもかかわらず，税金を軽くしている不公平な措置をやめるのです。そうすれば，国の税金と地方税で38兆円以上の増収が見込めます（詳しくは，2017年度分「不公平な税制をただす会」増収試算，第5章表1，表2参照）。

◎無駄な支出を削減する

　つぎに，無駄な支出を見直します。その代表的なものは軍事費と公共事業費です。たとえば2017年度予算で軍事費は5兆1,600億円に達しています。そのうち人件費などを除いた施設費や装備費，迎撃ミサイルの改修費や海上配備型ミサイル，戦闘機の購入費用などがおよそ60％，3兆円を占めます。これらの支出は憲法に規定する戦力不保持に違反するものですから削減すべきです。

　また，同年の予算で公共事業費は5兆9,763億円になっています。このうちダム関係費，道路関係費，港湾・空港・鉄道関係費，都市環境整備費についてその2分の1を削減すればおよそ1兆5,000億円になります。軍事費削減と合わせて，合計4兆5,000億円の財源が確保できます。これはほんの一例ですが，このように支出を見直すことによって国の台所の健全化が実現できるのです。

◎消費税を増税すると税収が下がるって本当？

　消費税を増税しても税収は増えません。1997年4月に消費税率は3％から5％に上がりました。1997年度の税収は前の年に比べて2兆円増えましたが，それ以降は所得税や法人税が伸びず，税収全体は1997年度の税収を超えたことがありません。

　1990年度と2017年度の所得税と法人税の税収を比較してみましょ

表1　1990年度と2017年度の所得税・法人税の税収比較

税目	1990年度決算①	2017年度政府予算案②	増減（①−②）
所得税	26兆0,000億円	17兆9,480億円	8兆0,520億円減
法人税	18兆4,000億円	12兆3,910億円	6兆0,090億円減
合計	44兆4,000億円	30兆3,390億円	14兆0,610億円減

出所）政府の決算・予算案により浦野広明作成。

う。表1に示したように1990年度の税収は，所得税が26兆円，法人税が18兆4,000億円，合わせて44兆4,000億円でした。2017年度予算の税収は，所得税が17兆9,480億円，法人税が12兆3,910億円，合わせて30兆3,390億円です。所得税と法人税合わせて14兆610億円も減っているのです。

　税収が減った主な原因は大企業に対する法人税の優遇と富裕層に対する所得税の優遇です。消費税を増税することと大企業や資産家の税負担を減らすことは表裏一体なのです。さらに消費税による不況が追い打ちをかけます。そのため，消費税の増税によって税収は減ることになるのです。

　反対に，消費税をなくして所得税や法人税の税率を見直し，不公平な税制をただして，払える能力のある大企業や高額所得者が，その能力に応じて負担しさえすれば，消費税を廃止しても福祉社会建設のための財源を十分に確保することができるのです。

　以下，消費税（第1章），所得税（第2章），住民税（第3章），法人税（第4章）の仕組みと問題点を検討し，最後に，憲法の理念にもとづいて不公平な税制をただせば，38兆円の財源が得られること（第5章）を示していきたいと思います。

第1章 景気を悪くし，生活を苦しくする消費税

はじめに

　日本の消費税は1989（平成元）年4月，竹下登政権のもとに3％でスタートしました。そして橋本龍太郎政権下の1997（平成9）年4月に5％に上げられ，2014（平成26）年4月，安倍晋三政権で8％に上げられています。予定では2016（平成28）年10月に10％に引き上げることになっていましたが，2019年10月まで延期したのはご存知のとおりです。

　ふつう税金が高くなるのを喜ぶ人はいません。誰でも税金はできるだけ安いほうがいいと思っています。ただし，日本経済団体連合会（経団連）は，消費税については，できるだけ早くヨーロッパ並みの20％まで税率を上げるべきだといっています。法人税については「下げろ」，という圧力を政界にかけつづける一方で，なぜ，経団連は消費税率を上げろというのでしょうか。

　その理由は財界，とくに輸出企業に恩恵があるからです。消費税の税率が上がると輸出企業に戻ってくる税金が増えるのです。この点についてはあとで詳しく触れるとして，まず，消費税とはどのような税なのか，見ておきたいと思います。

1，そもそも，消費税とは何か？

消費税はモノにかかる税金だ，と思っている人は多いでしょう。しかし，消費税はそういう税金ではありません。

税金には，所得税や法人税，住民税のように自分の収入などにかかる税金を自分で払うものがあります。これを「直接税」といいます。これに対し，酒税やたばこ税が代表的ですが，納税する者と税を負担する者が異なる税金があります。これを「間接税」といいます。

そして，政府は消費税を間接税に分類しています。この分類について，おかしいという人はあまりいないようです。でも，ちょっと待ってください。消費税が本当に間接税かどうか考えてみましょう。

1950（昭和25）年，アメリカの経済学者シャウプの発案（シャウプ勧告）によって「附加価値税」という名前の税金が提案されました。「附加価値税」の法案は国会を通ったものの，国民の反対が強く，お蔵入りしたまま結局4年後の1954年に廃案になっています。シャウプの「附加価値税」の仕組みはいまの消費税とほとんど同じでしたが，間接税ではなく，事業者が払う直接税に分類されていました。

◎フランスが付加価値税を間接税として導入したわけは……

シャウプの「附加価値税」が日本で廃案となった1954年，フランスがその名前も仕組みもシャウプの「附加価値税」と同じ税金を直接税ではなく，間接税として導入しました。なぜ直接税である付加価値税を間接税としたのでしょうか。

フランスは当時，「関税及び貿易に関する一般協定（GATT：ガット）」に加盟していましたが，ガット協定では輸出企業に輸出補助金をだすことや法人税や所得税を安くすることを禁じていました。フランス政府はなんとかして輸出企業に補助金をだすことができないか考えました。直

接税を安くすることはできないけれど，間接税なら外国に輸出したとき外国のお客さんから税金をもらえないとして，国内の仕入などで企業が負担した分を返してもガット協定に違反しないと考えました。そこで，直接税として誕生した付加価値税を無理やり間接税にしたのです。

けれど，もともと直接税としてつくられた税金を間接税にしたため，矛盾だらけの税金になってしまいました。たとえば，直接税の特徴的な仕組みである基礎控除を残して売上の少ない店を免税にしたり，1年間の売上に低い税率をかける簡易課税という大雑把な仕組みを設けたりしています。これらの仕組みは間接税には不必要なものです。なぜなら，間接税は顧客から預かった税金を納めるだけですから基礎控除や簡易課税があってはおかしいのです。また，内税でも外税でもよく，それを判断するのは企業の側となっています。

日本の「スイカ」などの交通系ICカードの運賃と，切符で買う運賃の違い――消費税増税にともない，ICカードの運賃は1円単位で計算し，切符は10円単位で計算することにしました――も，同様に「いい加減さ」によるものです。

消費税は，うがった見方をすれば，輸出企業に税金を還付するためにフランスが考えた税金だといっていいでしょう。

◎**消費税は事業者が計算して税務署に納める税金**

もう一度確認しておきますが，消費税＝付加価値税は一つひとつのモノに税金をかける仕組みではありません。

一般的な消費税の説明は，以下のようになされています。「商店や企業などの事業者は，商品を買ったりサービスを利用した消費者から預かった消費税を，後日まとめて税務署に支払う」と。しかし，実際は，「消費者から預かった」とされているその金額が税務署にそのまま納めているわけではありません。事業者が1年間の売上高と1年間の仕入高をもとに税金を計算して税務署に納めているのです。事業者は，直接税とし

て納めているといってもいいでしょう。

　その仕組みを，少し詳しく，見てみましょう。

　会社が1年間に納める消費税の計算は，まず会社の1年間の売上高に8％をかけます。かりに1年間の売上高が1億円だとすると800万円になります。つぎに1年間の仕入高に8％をかけます。仕入高が8,000万円だとすると640万円になります。売上高にかかる800万円から仕入高にかかる640万円を引いた額，160万円が納める税金になります。

　売上高から控除する仕入金額には，商品仕入のほかに，交通費や電話代，家賃や消耗品，外注費や派遣会社へ支払う経費も含まれます。ただし，社員の給料は消費税が課税されていませんから仕入金額として引くことはできません。ですから，納める消費税を少しでも安くするために，社員を少なくして給料を抑え，派遣や外注に切り替える会社が多くなるのです。逆に，派遣や外注をいっさい使わず，社員だけで事業をおこなう企業は，消費税の納税額が多くなってしまいます。

2，消費税は景気を悪くする

　日本ではバブル崩壊以後，景気の低迷が続いています。よく「失われた20年」といわれますが，「失われた30年」になろうとしています。「アベノミクス景気の拡大が，バブル経済期を抜いた」と内閣府は発表しましたが（2017年6月15日），その実感はまったくありません。

　とりわけ，消費税の導入と税率アップは景気を大きく左右し，実際，1997（平成9）年に5％に上げたあとに景気は落ち込み，2014（平成26）年に8％に上げたあとはさらに大きく落ち込んでいます。このため，さすがの安倍総理も消費税を10％に上げるのは延期せざるをえなくなりました。消費税はどうして景気を悪くするのでしょうか。

◎給料が上がらず景気を悪くする

　景気悪化を生むおもな原因は，給料が上がらないことです。給料が上がらないから物が売れず，これが景気の悪循環を招くのです。そのうえ消費税が上がると物価が上がり，すると消費者の財布のヒモが固くなり，買い控えが起こります。買い控えにあったお店やメーカーの売上は減ります。にもかかわらずお店やメーカーは税率引き上げによって納める消費税は増えます。そこで従業員の給料がさらにダウンしたり，首切りがなされたり，非正規雇用への代替が起こったりします。

　なかには消費税が納められず倒産する中小企業もでてきます。その結果，景気はいっそう後退します。このように消費税には，景気後退を招く仕組みが深く組み込まれているのです。

◎消費税の滞納は全体の64％に

　消費税を納められない中小事業者がいかに多いことか。次ページの表1を見てください。国の税金のなかで消費税の滞納が一番多いことがわかります。滞納が多いということは，税金として欠陥があるということのあかしです。税務署も滞納させないよう必死に取り立てています。そのためにポスターをつくったり，社長が生命保険をかけていると解約をして納めるように迫ったりしています。また，売掛金を押さえに親会社に行ったり，預金を差し押さえたりします。それでも滞納は常に第1位です。税率が8％に上がったあとの2015（平成27）年度の消費税の滞納発生額は国の滞納税金の64％にのぼっています。

　これはゆゆしき事態です。税務署もたいへんですが，消費税を納められず苦しんでいる中小企業はもっとたいへんです。消費税を滞納すると銀行などの融資が受けられなくなります。それがまた景気後退を招きます。なぜこんなに滞納が発生するのでしょうか。

表1　税目別国税新規発生滞納税額（2009年度～2015年度）

（単位：億円）

税目　＼　年度	2009	2010	2011	2012	2013	2014	2015
消費税	3,741	3,398	3,220	3,180	2,814	3,293	4,396
発生件数	66万件	63万件	62万件	58万件	51万件	52万件	57万件
源泉所得税	803	701	593	562	472	412	382
申告所得税	1,355	1,264	1,233	1,133	1,145	1,128	1,170
法　人　税	1,074	1,024	736	685	691	673	634
相　続　税	488	434	277	358	305	362	269
その他の税	13	12	10	16	49	42	20
合　計	7,477	6,836	6,073	5,934	5,477	5,913	6,871
消費税の占める割合	50.0%	49.7%	53.0%	53.5%	51.3%	55.6%	64.0%

出所）『国税庁統計年報書』をもとに湖東京至作成。

◎赤字でもかかる消費税

　それは，消費税はたとえ赤字企業でも納税しなければならないからです。

　法人税や所得税はもうけに税金をかけますから，赤字だと税金はかかりません。消費税は売上があれば税金がかかる仕組みですから，赤字・黒字に関係なく払わなくてはなりません。だから滞納がでてしまうのです。しかも，国税庁の発表によれば，2017年度における日本の中小企業（資本金1億円以下）の約7割が赤字企業です。

3，消費税のおかげで巨額の富を得る大企業

　消費者や中小企業が消費税の負担に四苦八苦しているのに，トヨタなどの輸出大企業は消費税を税務署に納めないばかりか，巨額の還付金を税務署からもらいつづけています。次ページの表2を見てください。その額が一番多いのはトヨタで1年間で3,200億円を超えています。2位は日産，3位はマツダ，4位がホンダと自動車メーカーが続きます。税

第1章　景気を悪くし，生活を苦しくする消費税　35

表2　輸出大企業（製造業12社）に対する還付金額推算（税率8％）

（単位：億円）

企業名	事業年度	売上高	輸出割合（％）	還付金額
トヨタ自動車	2016年4月〜2017年3月	11兆4,763	65.2	3,231
日産自動車	同上	3兆7,293	68.6	1,190
マツダ	同上	2兆4,814	83.3	662
本田技研工業	同上	3兆4,568	60.2	619
キヤノン	2016年1月〜2016年12月	1兆7,639	79.3（推定）	603
三菱自動車	2016年4月〜2017年3月	1兆5,674	80.6	512
村田製作所	同上	8,311	92.6（推定）	360
新日鐵住金	同上	2兆9,742	36.2（推定）	310
ソニー	同上	9,925	68.6（推定）	248
シャープ	同上	1兆5,773	52.4（推定）	234
日立製作所	同上	1兆9,065	48.0（推定）	211
パナソニック	同上	3兆6,552	27.5	131
合　計				8,311

出所）各社の決算書などにより湖東京至が推計計算したもの。各社の輸出割合は公表されているトヨタ自動車，日産自動車，マツダ，本田技研工業，三菱自動車，パナソニックを除き，キヤノンなどは連結決算書記載の割合をもとに推算した。

率が8％に上がったため還付される金額はぐんと増えました。

　なぜ，これほど高額の還付金が支払われるのでしょうか。それは，海外で消費される輸出品には日本の消費税をかけることができないからだ，と説明されます。つまり消費税0％ということになっているのです。

　先に見た消費税の算出方法にあてはめてみると，

【1年間の輸出売上×0％−1年間の仕入金額×8％】

　つまり，仕入や外注費などで負担したとされる消費税分8％を返してもらう，というわけです。

　トヨタの例で計算してみましょう。トヨタの1年間の売上高が11兆5,000億円，そのうち輸出売上が7兆5,000億円，日本国内の売上が4兆円，仕入や外注費などが8兆円あったとします。戻ってくる消費税はつ

ぎのように計算します。

（輸出売上）　　　　　　　　　（国内売上）　　（売上の消費税）

　7兆5,000億円×0％＝0　＋　4兆円×8％＝3,200億円

（仕入など）　　（仕入の消費税）

　8兆円×8％＝6,400億円

（売上の消費税）（仕入の消費税）（還付される消費税）

　3,200億円　－　6,400億円　＝　△3,200億円

◎トヨタは一度も消費税を納めたことがない

　トヨタにしてみれば，下請けや仕入先などに払った消費税を返してもらっているだけだ，ということになるのでしょうが，これは大きな間違いです。年末調整や確定申告で経験するように，自分が多く納めすぎた税金を返してもらうことは当然の権利ですが，トヨタは一度も税務署に消費税を納めたことはありません。下請けや仕入先が税務署に納めた税金を自分が納めたと錯覚しているのです。他人が納めた税金を横取りしているのですから，いわば「横領」といってもいいでしょう。

　アメリカ政府はこの還付金を「輸出企業に対するリベートだ」といって非難しています。消費税の考え方として輸出品に対する還付金制度が正しいというのならば，実際に税務署に税金を払った下請けや仕入先に返せばいいのです。しかし，下請けが納めた製品のうち輸出した分と国内に売った分が分けられないため，それはできないというのが税務署の主張です。

◎消費税非課税でも還付金がない医療機関

　消費税が非課税だった場合，常に還付金があるかといえば，そうではありません。

医師の社会保険診療報酬には消費税がかかりませんが，診療に用いる医療器具や薬の仕入に入っている消費税は返してもらえません。輸出は外国の顧客から日本の消費税は取れないという理由から税率ゼロとなっていますが，医師も患者から消費税分をもらえないという点では同じです。にもかかわらず，医療機関に対しては還付金ゼロなのです。

◎輸出大企業がある地域の税務署は大赤字

　還付金が生みだす問題は，まだあります。

　表3を見てください。輸出企業に消費税を返すため，赤字になっている税務署が八つもあります。この表の数字は国税局が発表したものです。赤字税務署の第1位はトヨタのある愛知県の豊田税務署，2位は日産がある神奈川税務署，3位はマツダがある広島の海田税務署です。これらの税務署は集めた消費税より返す消費税のほうが多いため，赤字になっています。

表3　消費税の税収が赤字になっている8税務署
（税率8％　2015年4月1日〜2016年3月31日年度）

（単位：億円）

	税務署名（所在県）	赤字額	推定される赤字の理由
1	豊田税務署（愛知）	△3,043	トヨタの本社があるため
2	神奈川税務署（神奈川）	△788	日産の本社があるため
3	海田税務署（広島）	△533	マツダの本社があるため
4	右京税務署（京都）	△332	村田製作所の本社があるため
5	阿倍野税務署（大阪）	△237	シャープの本社があったため
6	今治税務署（愛媛）	△205	渦潮電機，今治造船などがあるため
7	阿南税務署（徳島）	△42	日亜化学の本社があるため
8	磐田税務署（静岡）	△7	ヤマハの本社があるため

出所）各国税局の発表値により湖東京至作成。

　具体的に豊田税務署を見てみましょう。

　豊田税務署は3,043億円の赤字になっています。このうちトヨタ自動車1社で3,043億円の90％にあたる2,738億円をもらっていると推定でき

ます。これは2015年4月から2016年3月までトヨタが返してもらった金額です（なお，表2のトヨタの還付金は3,231億円となっていますが，これは1年後の2016年4月から2017年3月の推定金額で，両者は年度が違うので数値が異なります）。

4，軽減税率で，食品は安くなる？

◎ドイツのハンバーガーは，店内19％，テイクアウト7％でも値段は同じ

　政府は，2019年10月に消費税の税率を10％に上げるとき，飲食料品などを8％に据え置くとしています。これを「軽減税率」といいます。「せめて食料品の税率は下げてほしい」という人がいます。また，「消費税を少しでも公平なものにするために軽減税率は必要だ」という人もいます。しかし，軽減税率で，本当に食料品は安くなるのでしょうか。

　前にも述べましたが，値段を決めるのはお店・企業側です。たとえば，ペットボトルは8％の軽減税率だとしても，自販機や自販機にかかる電気代，運んでくるトラックやガソリン代の消費税は10％になります。野菜や肉・魚にしても，店頭に並ぶまでのさまざまな段階にかかる経費に対する消費税は10％です。消費者の反応を考慮して，食料品以外の商品の価格上昇よりは多少は安い価格設定がされるかもしれませんが，それも，保証のかぎりではありません。

　たとえば，ドイツのハンバーガー屋さんでは，店のなかで食べる外食は通常の税率19％がかかりますが，持ち帰りは7％の軽減税率でよいことになっています。だから持ち帰りのハンバーガーは店のなかで食べるより安いはずなのに，税込みの値段はどっちも同じなのです。このように，軽減税率だからといって，必ず食料品が安くなる，というわけではありません。

第1章　景気を悪くし，生活を苦しくする消費税　39

◎軽減税率は高所得者ほど負担軽減

　また，かりに軽減税率によって食料品などの値段が上がらなかったとしても，それは収入の低い人より収入の高い人の負担を減らす効果が大きいのです。なぜなら，収入の高い人ほど高い食料品をたくさん買うため負担が少なくてすむからです。そのため軽減税率は低所得者対策ではなく高所得者対策だといわれています。つまり軽減税率によって，消費税は公平にならず，かえって不公平になるのです。

◎軽減税率で得する業界，損する業界

　では軽減税率を導入すると，得をするのは誰なのでしょうか。消費税は，事業者・企業が税務署に納めるわけですから，軽減税率の対象となる商品を売っている企業の税金は少なくなります。

　消費税を納める企業は1年間の売上高に8％をかけた額から，1年間の仕入高に8％をかけた額を引いて税金を計算します。それが10％に上がると，軽減税率の対象商品をつくっている企業は，売上高には8％をかけますが仕入高のうちかなりの部分は10％をかけた額を引くことができます。そのため，売上高に10％をかける企業より納める税金が少なくなるのです。これは，軽減税率の対象となる企業に補助金を与えることですから，軽減税率を導入しているヨーロッパ諸国でも問題になっています。

　日本でも，「新聞は軽減税率の対象にすべきだ」というキャンペーンが展開され，新聞は軽減税率になりました。しかし，同様に政府や国会議員に陳情活動をしていた外食産業には，軽減税率は適用されませんでした。牛丼屋，ラーメン屋，すし屋，ハンバーガー店などは軽減税率のおかげで逆に納める税金が増えてしまいます。

　なぜなら，売上高には10％をかけますが米や野菜，肉などの仕入は8％のものが大半です。そのため，軽減税率が適用される商品をつくっている企業とは逆で，納める税金が多くなるのです。

表4　ヨーロッパ主要国の付加価値税の税率（2017年1月現在）

国 名	標準税率(%)	軽減税率・低税率と適用取引	軽減税率・超低税率と適用取引	ゼロ税率	ゼロ税率適用取引
フランス	20	5.5%→飲食料品，農水産物，家禽，書籍，医薬品，美術館など 10%→旅客運賃，ペンションホテル，外食，など	2.1% 演劇，オペラの入場料，新聞・雑誌，医薬品など	有	輸出のみ
ドイツ	19	7% 食料品，水道水，書籍・新聞・雑誌，旅客運賃など	なし	有	輸出のみ
イタリア	22	10% ホテル，外食，医薬品など	4%，5% 特定の食料品，書籍，医療，住宅など	有	輸出のみ
イギリス	20	5% 家庭用燃料，電力，住宅リフォーム	なし	有	輸出，食料品，上下水道，書籍，旅客運賃，住宅建設，医薬品，子供服など
アイルランド	23	9%→新聞，映画，ホテル，理髪など 13.5%→電気，ガス，外食，建設など	4.8% 花，新聞など	有	輸出，基礎的飲食料品，衣料・医薬品，書籍，動物飼育，子供服など
スペイン	21	10% 食料品，水道，住宅，旅客運賃など	4% 基礎的食料品，新聞，書籍，薬など	有	輸出のみ
ポルトガル	23	13% 外食，加工食品	6% 食料品，医薬品，水道，書籍，新聞など	有	輸出のみ
デンマーク	25	なし	なし	有	輸出，新聞など
スウェーデン	25	12% 食料品，ホテル，外食など	6% 新聞，書籍，運賃，映画など	有	輸出，人道的機関，ミルク，定期刊行物，保険・金融，医薬品など
ベルギー	21	12% 有料テレビ，マーガリンなど	6% 食料品，運賃，医薬品，書籍など	有	輸出，新聞
オランダ	21	6% 食料品，医薬品，運賃，新聞，書籍など	なし	有	輸出のみ
ギリシャ	23	13% 食料品，運賃，映画など	6% 書籍，新聞，医薬品など	有	輸出のみ
ハンガリー	27	18% ミルク，農産物，貸室，コンサートなど	5% 医薬品，書籍，新聞，食肉など	有	輸出のみ

出所）OECD『ConsumptionTaxTrends2016』などにより湖東京至作成。

軽減税率獲得競争に奔走する業界と族議員とのあいだに癒着が起こるのも，軽減税率をめぐる一つの問題です。軽減税率で納税額が減るのは日本ハム，山崎パン，味の素など食品会社や読売，朝日などの新聞社です。いったん軽減税率が導入されれば，これからも，いろいろな業界が軽減税率にしてくれと運動を展開するでしょう。彼らの大義名分は「消費者のため，低所得者のため」ですが，本音は自分たちの納める税金を少なくしたいのです。軽減税率は低所得者対策に名を借りた消費税の延命策にすぎません。

　前ページの表4を見てみましょう。ヨーロッパの国々ではたくさんのものが軽減税率になっています。食料品，本，薬，電車賃，外食，なかにはホテル，住宅リフォーム，理髪，電気・ガス・水道なども軽減税率の対象になっている国があります。

◎EUでは「軽減税率をやめよう」という動き

　しかし，いまEUでは，軽減税率の弊害に対して新たな動きがでてきています。

　2016年4月，EU委員会は軽減税率の見直しを提案しました。EU委員会はその理由として，①軽減税率は企業のあいだに不公平を生んでいる，②国によって軽減税率になるものがまちまちで国家間にアンバランスがある，③国の税収が減っている，④仕組みが複雑で事業者の事務処理がたいへん，などをあげています。

　軽減税率をやめれば仕組みがシンプルになり事業者が助かるばかりか，標準税率を下げることができるので，消費者・低所得者のためになる，というのです。

　また，同じ日にEU委員会は輸出企業への還付金制度も廃止すべきだと提案しています。不正に還付金を受け取っている者がおり，その被害額は毎年500億ユーロ，日本円にするとおよそ6兆5,000億円にのぼる，というのが理由です。この不正還付をなくすために還付金制度をやめ，

輸出売上にも輸出相手国の税率で納めさせて，それをあとでまとめて政府が輸出国に送金する仕組みを提案しています。本家ヨーロッパでも，消費税＝付加価値税の欠陥が，軽減税率と輸出企業への還付金だということがわかってきたのです。

5，「社会保障のために消費税を使う」は本当か？

◎「高齢化社会のため」はウソ

　1989（平成元）年，政府は，「日本は高齢化社会に向かうため，社会保障にあてる」という理由で，消費税を導入しました。しかし以後，社会保障はよくなったでしょうか。健康保険料や年金保険料，医療・介護にかかる費用が安くなったでしょうか。反対に負担は大きくなり，福祉は悪くなったと感じている人がほとんどだと思います。

　導入の建前は，「高齢化社会」への対応でしたが，本当は違います。実際，当時政府税制調査会の会長だった加藤寛さんはのちに，「あの時は高齢化社会のためと説明したが，本当はああいえばやりやすいから」だといっています（1992年9月3日，『週刊新潮』のインタビュー記事）。つまり，社会保障のために導入したわけではなかったのです。

◎法人税の減税に消えた消費税収

　では，何に使うためだったのでしょうか。結論からいえば，法人の税金を減らすことと資産家・高額所得者の税負担を減らすために導入されたのです。

　法人税の税率は消費税導入前の42％から1989年に40％に，翌年に37.5％に引き下げられています。その後もどんどん下げて，2018（平成30）年現在23.2％になっています。消費税が導入されてからの税収と法人3税の減収額を見れば，その額がほぼ同じになります（第4章91ページ図2参照）。

高額所得者に対する減税も消費税導入後に目立ちます。たとえば年間の所得が5,000万円の人の税率は消費税導入前の1988（昭和63）年に60％でしたが，1989年に40％に下がりました。1995（平成7）年にいったん50％に上がりましたが，1999（平成11）年には37％に下がっています。2007（平成19）年に40％に上げられ，2017年現在45％になっています。所得税と合わせて個人住民税（市町村民税と都道府県税）もかかりますが，こちらのほうも1988年に12％だったものが現在10％になっています。

◎社会保障費の削減が続く

　他方で，社会保障の切り下げが続いています。一例を見てみましょう。

　国民年金の受給額は2011〜14年の4年間で2.04％減っています。厚生年金の受給額は2008〜11年の4年間で4.03％減っています。

　医療では70歳から74歳の窓口負担を1割から2割に引き上げたり，入院給食費の負担を1食260円から460円に上げています。また，紹介状なしで大病院で受診すると追加料金を取られるようになりました。

　介護では要支援1と2のデイサービスを保険からはずし，特別養護老人ホームの入居資格を要介護3以上にするなどとしています。

　生活保護についても不正受給が横行していると喧伝し，受給者を絞りこみ，生活扶助費の切り下げ，冬季加算の削減などをおこなっています。

　このように消費税の税率を8％に引き上げながら，社会保障費の削減を続けているのです。

　「消費税を10％に引き上げないから社会保障が充実しない」，「社会保障の充実のためには消費税増税しかない」という人がいます。むしろ，そう信じこんでいる人のほうが多いでしょう。

　しかし，いままで消費税が社会保障に使われなかったことを見れば，たとえ10％に上がっても，その分が社会保障に使われる保証はありません。実際，いま国（厚生労働省）が推し進めている医療・介護改革は，医療難民・介護難民をむしろ増加させ，地域・家族にその責任を負わせる

ものだからです。

◎政府の「全額社会保障費に使われている」というペテン

　政府は，消費税は全額社会保障費に使われているといいます。なるほど消費税法第1条2項には「消費税の収入については，……毎年度，制度として確立された年金，医療及び介護の社会保障給付並びに少子化に対処するための施策に要する経費に充てるものとする」と規定されています。そしてそれは，毎年だす予算書の付表9に書いてあるというのです。政府の2017（平成29）年度予算書の付表9（表5）を見てみましょう。

　この表では，支出が収入より15兆3,904億円も多く，収入と支出の合計額が一致していません。政府はこれを「スキマ」といっています。これでは，消費税が何に使われているのか，不足分にあてたほかの財源は何なのか，まったく不明です。

　たとえば，もし消費税のかわりに法人税をこの表の収入に入れて（2017年度予算で法人税の収入は12兆3,910億円），「法人税は全額社会保障関係経費にあてられている」と説明されたら，信じる人がいるでしょうか。

　消費税はもともと福祉の財源に特定されたものではなく，何にでも使える一般財源として集められています。安倍首相は2017年10月の衆議院選挙にあたって，消費税を10％に引き上げる際，2兆円を子育て・教育に使うと公約しました。これは財政の原則を忘れた選挙公約で，カラ約束といってもいいでしょう。

表5　予算書付表9　消費税の収入（国分）及び消費税の収入があてられる経費（2017年度）

（単位：億円）

区　分	2017年度予算額
（歳入） 消費税の収入（国分）	133,162
（歳出） 年金	120,776
医療	115,010
介護	30,130
少子化対策	21,150
合　計	287,066

注）「消費税の収入（国分）」133,162億円は，消費税の収入から地方交付税交付金（法定率分）に相当する金額を除いた金額であり，消費税の収入の予算額の77.7/100に相当する金額である。

第1章　景気を悪くし，生活を苦しくする消費税　45

なかには「消費税を福祉目的税にすべき」という主張をする人もいます。一見よいことのように思えますが，しかし，この考え方も間違っています。なぜなら，すでに2017（平成29）年度の社会保障関係の予算は32兆4,735億円にのぼっています。これをすべて消費税でまかなうとすれば，その税率を16〜17％にしなくてはなりません。そのうえ，社会保障費が増加するたびに消費税の税率を引き上げなければなりません。これは，とうてい国民の納得を得られません。

◎ヨーロッパで福祉財源として消費税を集めている国はない

　そもそも消費税は社会保障に使うためにふさわしくない税金だといえます。なぜなら，消費税は物価の一部に反映されますから，モノを買うたびに社会保険料を払うということになります。また前に書いたように，輸出大企業は消費税を還付されています。これらの大企業は社会保険料を払うのではなく社会保険料をもらうことになるわけです。

　高い税率のヨーロッパ諸国で，福祉財源として消費税＝付加価値税を集めている国はありません。すべて一般の経費に使う税金として集めています。

6，消費税タイプの税金は国家にとってよくない！
──アメリカの選択

◎アメリカが消費税を導入しない理由

　アメリカに消費税タイプの税金がないことは意外に知られていません。アメリカでは，検討に検討を重ねた結果，「消費税タイプの税金はよくない」という結論をだし，導入にいたっていません。

　ただし，消費税導入に積極的だった政権はもちろんあります。

　まず1972年に当時のニクソン大統領が消費税タイプの税金を導入したいとして関係委員会にはかりましたし，1979年には下院の委員会や上

院の委員会が導入の提案をしましたが賛成を得られませんでした。

　1986年，レーガン大統領のもとで本格的に消費税タイプの税金の導入が検討されましたが，結論として，つぎのような理由から見送られました。

　消費税タイプの税金は物価上昇をもたらし，低所得者に重い負担をかけ，所得税より不公平なこと。税金を取るために税務署員を増やさなくてはならず経費がかさむこと。簡単に税金が入るので政府の予算がふくれあがること。そして，アメリカには各州に小売売上税があるため二重課税となること。

　また，2005年にはブッシュ大統領のもとで消費税タイプの税金や売上税の導入について特別委員会で検討されました。このときは，賛成論者もいて結論はなかなかまとまらなかったようですが，やはり，「消費税タイプの税金は政府の予算を大きくし，経済成長をさまたげ，物価上昇によって庶民の生活をこわし，行政の費用が増えて国の借金を増やすことになる」と反対意見のほうが勝利しました。こうした経過を経て，いまでもアメリカには消費税タイプの税金がないのです。

◎税率引き下げに踏み切ったカナダ

　消費税率の引き下げに踏み切った国もあります。カナダの消費税は「商品・サービス税」といいますが，1991年にマルルーニ首相のもと税率7％で導入されました。これに対する国民の抵抗と反発は猛烈なものでした。1993年10月の総選挙では，導入した当時の与党・進歩保守党は169議席からわずか2議席に凋落し，党首のキャンベル首相も落選しました。

　地方税として小売売上税があるカナダでは，それと二重課税となる消費税に対して，国民の批判は根強いものがあります。そうした状況下，国の財政状況が上向いたことも手伝って，カナダ政府は消費税率を，2006年に7％を6％に下げ，さらに2008年に5％に下げたのです。

第1章　景気を悪くし，生活を苦しくする消費税　47

消費税が, どれほど矛盾に満ちたひどい税金か, ということがおわかりいただけたと思います。私たち「不公平な税制をただす会」は, ずっと「消費税の廃止」を掲げてきましたが,「消費税以外に財源がない」という主張のウソと欺瞞, そして公平な税制を実現することの大切さを, 次章以降でも見ていきましょう。

第2章 所得税は高い？ 安い？

1，勤労者に厳しい日本の所得税

（1）所得税の仕組みを知る

◎わずかなバイト代や，ボーナスにものしかかる所得税

大学生の徹さんの，つぶやきです。

「実家からの仕送りがないので，週5日居酒屋でアルバイトをして生活費を工面しています。時給932円で，今月は100時間働いて，9万3,200円になりました。給料明細を見ると，所得税が390円引かれて手取りが9万2,810円になっていました。そういうものか……と思うものの，バイト代からも税金取るんだ……とちょっと，がっかりな気持ちになりました。

来年の授業料にそなえて，夏休みには200時間ぐらい働きたいと考えていたので，経理の人にそれだと所得税がいくら引かれるのか，ちょっと気になって聞いてみました。すると4,270円引かれるというのです。9万3,200円で390円だからその倍で780円じゃないことを初めて知りました。約5時間働いたのと同じ額。なんだか，気持ちが下がります」。

上場企業に勤める41歳の山田さんも，所得税を負担に感じています。

「妻（年収400万円の会社員）と17歳と12歳の子どもの4人暮らしです。月給は50万円でボーナスが夏に100万円，冬に100万円で年収は800万円です。月給から社会保険料7万1,000円，組合費5,000円，所得税1万5,720円，住民税3万5,850円が引かれ，手取りは372,000円ぐらい，ぎり

50 第2章 所得税は高い？ 安い？

ぎりの生活です。

　ボーナスがでるとほっとするのですが，100万円のボーナスから14万円も所得税が引かれるのは正直重いです。結局1年間の所得税は約40万円になります。育ち盛りの子どもがいる家庭から，こんなに取らなくてもいいのではないでしょうか」。

　徹さんや山田さんの不満は，もっともだと思います。でも私たちは，「取られるばかり」と嘆きながら，所得税の仕組みをほとんど知らないのではないでしょうか。まず，所得税はどのように計算されるのか大雑把に見てみましょう。

◎所得からの控除の仕組み──給与所得控除・人的控除・基礎控除

　サラリーマンやアルバイトの給料で生活している人は，1年間にもらった給料の額から，働くためにかかった費用の概算などとして一定額が差し引かれます。これを給与所得控除といいます。2017年分の給与所得控除額は表1のように法律で決められています。

　つぎに健康保険や雇用保険などの社会保険料を引きます。そして扶養家族がいる人や配偶者がいる人は，1人につき38万円引きます（2017年

表1　給与所得控除額（2017年分）

年間の給与収入の額	年間の給与所得控除額
162.5万円以下	65万円（定額）
162.5万円を超え 180万円以下	年間収入金額×40%
180万円を超え　360万円以下	年間収入金額×30%＋18万円
360万円を超え　660万円以下	年間収入金額×20%＋54万円
660万円を超え 1,000万円以下	年間収入金額×10%＋120万円
1,000万円を超えたとき	220万円（定額）

注）たとえば年間の給料が800万円の人は，800万円×10%＝80万円＋
120万円で200万円が給与所得控除になり，差引600万円が給与所得に
なります。給与所得控除はいわばサラリーマンの経費などを大雑把に
見積もって引くものです。

表2　扶養家族がいる場合の控除額（人的控除額）（2017年分）

控除となる家族の種類	年間に控除される額
配偶者（昭和23年1月1日以前に生まれた人）	38万円
配偶者（昭和22年12月31日以前に生まれた人，70歳以上の人）	48万円
扶養家族（0歳から16歳未満の人）	0※
扶養家族（16歳以上19歳未満の人，23歳以上70歳未満の人）	38万円
扶養家族（19歳以上23歳未満の人）	63万円
扶養家族（70歳以上で同居している人）	58万円
扶養家族（70歳以上で同居していない人）	48万円

注）0歳から16歳未満の子どもには児童手当が支給されるため，扶養控除は適用されないことになっています。

現在）。1か月分でなく1年分です。これを人的控除といいます。人的控除の主なものは表2のようになっています。

　それから本人の控除があります。これを基礎控除といいます。年齢に関係なく38万円です。扶養家族がいない人でも，本人分（基礎控除）38万円は必ず控除されます。そのほか社会保険料，生命保険料や医療費，地震保険料などの控除や，障害者や寡婦・寡夫に対する控除もあります。

　以上の諸控除を引いた残りの額に税率をかけて1年間の所得税を計算します。以下で詳しく見ていきましょう。

◎1年間の所得税を計算する

　所得税は毎年1月から12月までの1年間で計算します。これを暦年課税といいます。それを12で割ったものが月給から引かれることになります。税率は表3のようになっています。

◎徹さんの年間の所得税

　バイトの大学生徹さんの場合，月平均9万3,500円バイトをしたとすると1年間の収入は112万2,000円になります。ここから65万円の給与所

表3　所得税の税率と税額の計算式（2017年分）

年間の課税される所得金額	税率と税額速算式
195万円以下	年間課税所得金額×5%
195万円を超え　330万円以下	（速算控除額※） 年間課税所得金額×10%－9万7,500円
330万円を超え　695万円以下	（速算控除額） 年間課税所得金額×20%－42万7,500円
695万円を超え　900万円以下	（速算控除額） 年間課税所得金額×23%－63万6,000円
900万円を超え　1,800万円以下	（速算控除額） 年間課税所得金額×33%－153万6,000円
1,800万円を超え　4,000万円以下	（速算控除額） 年間課税所得金額×40%－279万6,000円
4,000万円を超えたとき	（速算控除額） 年間課税所得金額×45%－479万6,000円

注）速算控除額とは，所得税の税率が7段階になっているので，いちいちその段階ごとに税金を出してたすのは手間がかかるため，低い税率がかかる分を引くことで計算を簡略にするものです。たとえば1年間の課税所得金額が410万円の人は［410万円×税率20%－速算控除額42万7,500円］の算式で年間に納める所得税を39万2,500円と計算します。

得控除を引き，38万円の基礎控除を引くと9万2,000円になります。これに税率5％をかけた4,600円が1年間の税金。これを12で割ると383円，端数切り上げで390円が引かれることになります。

　徹さんの1年間の所得税は，以下の計算式で求められます。

　1年間の給料の額112万2,000円（月平均9万3,500円）－給与所得控除65万円－基礎控除38万円＝課税される所得金額9万2,000円×税率5％＝1年間の所得税4,600円

◎山田さんの年間の所得税

　サラリーマンの山田さんの場合，年間給与の800万円からまず給与所得控除額200万円を引きます。ここから年間の社会保険料約114万円と

扶養控除38万円，本人控除（基礎控除）38万円を引きます。ほかに生命保険料控除などがないとすれば，年間の課税される所得金額は410万円になります。これに税率20％をかけ，速算控除額（低い税率が適用される分）を引くと年間の所得税は39万2,500円になります（0歳から中学卒業までの子どもには児童手当が支給されるため，山田さんの12歳の子どもの分の扶養控除は適用されないことになっています）。

　山田さんの1年間の所得税は，以下の計算式で示すことができます。

　1年間の給料の額800万円（月給50万円＋賞与200万円）－給与所得控除200万円－社会保険料114万円－扶養控除38万円－基礎控除38万円＝課税される所得金額410万円×税率20％－速算控除額42万7,500円＝1年間の所得税額39万2,500円

（2）生活保護費水準までは税金ゼロに

　最近ときどき，「生活保護の人はいいよな。税金はぜんぜん払わなくていいし，病院に行ってもただなんだから」という声を聞きます。しかし，生活保護を受けているのは，「高齢者」「母子家庭」「傷病者」「障害者」がその約90％を占め，生活保護がなければ生きていけない事情を抱えているのです。しかも，十分とはいえないその支給額が年々減らされているのが現状ですから，憲法が保障する「健康で文化的な最低限度の生活」が保障されているかどうかも疑問です。

◎生活保護費ギリギリの収入から税金を取るのは憲法違反

　かりに生活保護費の支給額がギリギリ「健康で文化的な生活費の最低限度」だとすれば，生活保護費の支給額以下の収入の人から税金を取るのは憲法違反だといえます。

　いま，東京23区の41歳から59歳の独身の人に払われる生活扶助費は

ひと月8万160円，これに上限が5万3,700円の住宅扶助費が支給されます。合わせて生活保護費は13万3,860円になります。また横浜市の3人世帯，夫婦子ども1人（夫33歳，妻28歳，子ども3歳の場合）の生活扶助費はひと月16万4,830円，住宅扶助費6万8,000円，合わせて生活保護費は23万2,830円です（いずれも2017年7月現在の額）。

◎独身の生活保護費　160万円（東京）

　独身の人の生活保護費は東京都の場合，住宅扶助費5万3,700円を含み月13万3,860円，年間で160万6,320円になります。この額以下の収入の人に税金をかければ生活保護費を下回りますから，健康で文化的な最低限度の生活が送れないことになり，憲法違反になります。では，基礎控除をいくらにすればよいのでしょうか。

◎低すぎる基礎控除——96万円に引き上げを

　生活保護費の160万6,320円から給与所得控除の65万円を引いた95万6,320円（約96万円）を本人の控除（基礎控除）にすれば憲法違反になりません。2017年現在の38万円はあまりに低すぎます。38万円で1年間，月にすれば3万1,666円で暮らせるわけがありません。38万円の基礎控除は1995（平成7）年から22年間変わっていません。ここに日本の所得税が重い一番大きな原因があるのです。基礎控除は2018年から48万円に引き上げられることになりますが，まだ低すぎます。まず，基礎控除を96万円に増やさなくてはなりません。そうすれば，徹さんのようなわずかなバイト代には所得税がかからないことになります。

◎扶養控除や配偶者控除は生活保護の水準に

　また，先に示した夫婦と子ども1人の生活保護費は横浜市の例で月23万2,830円，年間で279万3,960円になります。この額以下の世帯に税金をかけてはいけません。憲法違反になります。そうすると，生活保護費

第2章　所得税は高い？　安い？　55

の279万3,960円から給与所得控除の101万9,000円を引いた177万5,000円を基礎控除と扶養控除にすればよいわけです。上で計算した基礎控除を96万円とすれば，扶養控除を81万5,000円にすれば177万5,000円になり，かろうじて憲法違反になりません。

　このように基礎控除や扶養控除を生活保護費の水準，憲法に違反しない「健康で文化的な最低限度の生活」を保障するところまで引き上げれば，山田さんの所得税は年間39万2,500円から18万1,700円下がり21万1,200円になります。そして大切なことは，生活保護費が上がればそれにスライドして基礎控除なども引き上げることです。

2，働く人の税金と資産家の税金はどう違う

（1）働く人の税金は給料から天引き ── その問題点

　収入の低い人やサラリーマンの所得税を下げると，国に入る税金が少なくなって国がやっていけなくなるのではないかと心配する人がいます。でも，その心配はいりません。税金はあるところからたくさん取ればいいのです。ないところに税金をかけると滞納が起こります。もっとも日本のサラリーマンは給料から税金を天引きされていますから，滞納することはできません。

◎天引き制度で納税意識がなくなる

　日本のサラリーマンには税金の天引き制度があります。これを源泉徴収制度といいます。社会保険料や，住民税も天引きされています。源泉徴収制度は税金を取る側，国や市役所などにとっては取りっぱぐれがない便利な制度です。でも，天引きされる国民の側から見ると，いくら税金を払ったのかよくわからない，手取りで生活するくせがついてしまう，奇妙な制度だといえます。まして給料が銀行振り込みになっている状態では，ふだん税金を意識することは，ほとんどないといっていいでしょ

56　第2章　所得税は高い？　安い？

う。

　じつは，これが問題なのです。納税意識の低下，国民が政府や市区町村がおこなう政治・行政に対して無関心になってしまう，選挙に行かなくなる人が多いのも源泉徴収制度のせいだ，という人さえいます。では，どうしたらいいのでしょうか。

◎勤め先で年末調整をしない国も

　日本のように毎月の給料から税金を天引きしている国はアメリカ，ドイツ，イギリスなどたくさんあります。ただ，日本と違うのは，これらの国には勤め先がおこなう年末調整がないということです。

　日本では，ほとんどのサラリーマンは年末調整を勤め先でやってもらい，それで1年間の税金の清算は終わり，税務署に申告に行く人はめったにいません。サラリーマンで税務署に申告に行く人は，医療費がたくさんかかった人や年収2,000万円以上の人，貸家収入があるなど給料のほかに収入があった人だけです。

◎年末調整制度はプライバシーの侵害

　年末調整制度はプライバシー保護の点からも早くやめなければなりません。なぜ勤め先に配偶者や子どものバイトの稼ぎを教えなければならないのでしょうか。家族に障害者がいる場合には障害度が何級かも教えなければならないのです。これは個人情報の漏洩になりますから憲法に違反します。

　憲法違反の年末調整制度をやめ，サラリーマンも税務署に確定申告をするべきです。毎月給料から天引きされた税金は，かりに払っておいたものですから，その清算を税務署でするのです。会社から年間の給与収入の額と天引きされた税金の額を証明する「源泉徴収票」をもらい，それを申告書に貼ってその他の必要事項を記入して税金の計算をし，税務署に送ればよいのです。その結果，天引きされた税金が多ければ返して

第2章　所得税は高い？　安い？　57

もらい，足りなかったら不足を払えばいいのです。アメリカでは1億2,000万人が確定申告をしていますが，ほとんどの人が税務署に郵送していますので手間はかかりません。

◎フランスはすべての人が税務署に申告

　フランスには，毎月の給料から税金を天引きする制度さえありません。すべての人が自分で税務署に1年間の給料とかかった経費をもとに申告します。ただ，2017年にフランスの大統領になったマクロン氏は源泉徴収制度を導入したいといっています。早ければフランスでも2018年から天引き制度が始まるかもしれません。

　もし，日本が給料からの天引き制度を残すとしても，年末調整制度だけはやめるべきです。

（2）資産家の税金は安すぎる

　土地や不動産，株や投資信託，国債や預金などの財産をたくさんもっている人を資産家といいます。一般的に資産家は自分がもっている財産を減らすことが嫌いです。逆に増やすことにはとても熱心です。資産家が一番嫌うのは税金を多く払うことです。そのためにいろいろな知恵をはたらかせます。でも，脱税犯で捕まってしまっては元も子もありません。政府は資産家の要望を受け入れ，資産家からあまり税金を取らないようにしてきました。

◎土地を売ったもうけや利子は一律15％の所得税

　たとえば，先祖から受け継いだ土地（更地）を売ったとします。その土地が，1億円で売れたとすると，概算取得費（買った値段がわからないときに引きます）の5％，500万円と不動産屋の仲介手数料約300万円を引いた額に15％をかけて所得税は約1,380万円（ほかに住民税が5％，約460万円かかります）。もしサラリーマンが年1億円の給料をもらったとしたら

（こんな人はめったにいないと思いますが），所得税は約3,800万円（ほかに住民税が約950万円）になります。

　なぜこんなに違うかというと，土地を売ったときの所得税は土地を売ってもうけた額に一律15％かければいいからです。いくら高く売れても15％です。またほかの収入と合わせて申告する必要はありません。これを分離課税といいます。一方サラリーマンの給与所得のほうは，税率が一番高い45％がかかります。もちろん単純に45％かけるのではなく，速算控除額479万6,000円が引かれます。

　また国債や預金をたくさんもっている資産家は，その利子から15％の所得税を引かれるだけで，ほかのもうけと合わせて申告する必要がありません。これも分離課税となっています。15％という税率はサラリーマンなら課税される所得金額で800万円ぐらいの人です。いまは低金利時代ですから，たくさん利子をもらう人はそんなに大勢いないと思われますが，かりに何千万円も利子をもらっても，ほかの収入と合わせて申告する必要はありません。15％で済むのです。

◎**株の配当も一律15％**

　株の配当をもらっている資産家の税金も優遇されています。配当金から15％の所得税を天引きされますが，それだけで済ませることもできます。また，株を売って損をしたとき確定申告をすれば配当金から株の赤字を引くことができますし，もし有利になるのなら，ほかの収入と合わせて確定申告することも可能です。いずれにしても，15％という低い税率以下で済ませることができます。

　なお，15％の税率には2037年分まで，東日本大震災の復興のための復興特別税が所得税の2.1％つきます。ですから15％×1.021で15.315％になります。

◎配当金への税金は日本が一番安い

　配当金をもらった人に対する税金は，日本が一番安いといわれています。

　たとえばアメリカでは所得税が0％，15％，20％の段階税率でほかの収入と分けて課税されますが，かなり高い地方税もかかります（ニューヨーク市の場合，州税が4〜8.82％，市税が2.55〜3.4％）。イギリスは7.5％，32.5％，38.1％の3段階でほかの収入と分けて課税されます。ドイツは日本と同じ申告不要で26.375％の天引き課税ですが，ほかの収入と合わせて申告することもできます。フランスはすべてほかの収入と合わせて申告しなければなりません。税率は15.5％から60.5％となっています。

　日本の場合，土地を売った人や利子をもらった人，配当金をもらった人，いわゆる資産家はほかの収入と合わせて申告する必要はなく，それぞれ分けて所得税15％と住民税5％，合せて20％という低い税率で済みます。このように主要諸国と比べてみても，日本の資産家は優遇されているのです。

◎分離課税でなく総合課税に

　こうした仕組みは不公平であるだけでなく，国に入る税収が少なくなってしまいます。土地を売ったもうけや，利子や配当金は原則としてほかの収入と合わせて税金をかけるべきです。つまり，分離課税ではなく総合課税にするべきです。総合課税にすると高い税率が適用されるため，資産家の税金が増え，不公平がなくなります。「不公平な税制をただす会」は土地を売った税金を総合課税にすることで5,524億円，配当金を総合課税にすることで5,219億円，配当金にある税額控除の特典をなくすことで1,202億円，利子も総合課税にすることで138億円，合わせて1兆2,083億円の財源が得られるとしています（2017年度分「不公平な税制をただす会」増収試算，第5章表1参照）。

3，株のもうけには安い税金しかかからない?!

◎株の税金は安い

　資産家にやさしい税金の最たるものが株の税金です。株を売ったもうけは，損して売った額と相殺できます。1年をとおして株を売り買いしプラスがでたときの所得税は15％だけで済みます（東日本復興のために復興特別税が2.1％つきますから実際には15.315％になります）。ほかの収入と合わせて課税されない分離課税方式となっています。そのうえ，証券会社で管理してもらう「特定口座」にすれば，15％の所得税と5％の住民税が天引きされ，いっさい申告する必要がありません。

　1年をとおして株の売買がマイナスになったときは，つぎの年とそのつぎの年まで赤字を持ち越せます。ですから，つぎの年やそのつぎの年にもうけがでたときは繰り越した赤字と相殺でき，資産家にとっては，おいしいことこのうえないのです。

◎アメリカやフランス，ドイツは重い

　株のもうけにかかる税金は日本が20％（所得税15％，住民税5％の合計）なのに対し，アメリカは0％，15％，20％と段階的にかかる所得税と地方税（ニューヨーク市の場合6.55％〜12.22％）がかかり，かなり高くなっています。イギリスは10％と20％の2段階，ドイツは26.375％で，いずれもほかの収入と分けて課税する分離課税の方式をとっています。フランスは総合課税で所得税と社会保障税を合わせて15.5％から60.5％となっています。

　こうして諸外国と比較すると，総合課税をしているフランスが一番公平です。もしアメリカやイギリス，ドイツのように分けて課税するなら，税率を高くしなければなりません。アメリカのニューヨーク州の税率は一番高いところで32.22％です。しかもアメリカでは，買ってから1年以

内に売ったもうけには51.82％という高い税率がかけられます。

◎株のもうけも他の収入と合わせて総合課税へ

株でもうけた人の税金は不公平の典型です。「不公平な税制をただす会」は株のもうけもほかの収入と合わせて総合課税することで6,851億円の増収になると試算しています（第5章表1参照）。

復習になりますが，税金は公平に取らなければなりません。ないところから取ろうとすると滞納が起き，国民の不満が大きくなります。税金は払う力がある人から取って，ない人のところへ回す，これが公平な税金のあり方です。これを応能負担といい，近代国家の税金の取り方の大原則です。

4，配偶者控除の廃止をどう考える？

◎配偶者控除が女性の社会進出を阻んでいる，という間違った意見

繰り返しになりますが，税金を払う力がない人から無理やり税金を取らない，それが，「健康で文化的な最低限の生活」を保障する憲法の原則です。そして，基礎控除や扶養控除，配偶者控除は，憲法が保障する生活のための支出には，課税しないための仕組みです。夫婦の場合，給与所得がある者は自分の健康で文化的な最低限の生活のための支出に対しては給与所得控除と基礎控除があり，所得ゼロの配偶者の生活にかかわる支出に対しては配偶者控除を引く，というのが，基本的な考え方です。

この考えにもとづけば，先に述べたように，基礎控除や扶養控除は大幅に引き上げるべきです。しかし，いまより配偶者控除を下げるべき，さらには，廃止すべきという人がいます。その理由は，専業主婦を優遇するのはおかしい，配偶者控除があるために，かえって女性の社会進出を阻んでいる，というものです。とくに安倍政権下で，「女性の活躍」がうたわれるようになると，「女性の就労拡大を抑制している」として，配

62　第2章　所得税は高い？　安い？

偶者控除の見直しが強く求められるようになってきています。

　しかし，女性が就労しなかったり，フルタイムではなく低賃金のパート・アルバイトに甘んじているのは，配偶者控除があるからではなく，社会環境や就労環境が厳しいからにほかなりません。子どもの有無にかかわらず女性が働く環境と賃金が十分に保障されていれば，他の先進諸国を見れば明らかなように，さまざまな場所で働く女性が活躍する場が広がっていくでしょう。

◎配偶者控除は扶養控除の一つ

　そもそも配偶者控除は，扶養控除に含まれていたものです。それが，1961（昭和36）年に，扶養控除から分離しました。当時，家族経営をしている事業主などは，妻の働いた給与分くらいを夫の所得から控除できたのですが，給与所得者はそれができないので，調整が必要だということになったからです。その際，7万円の扶養控除額が配偶者に限って9万円に増額されました。配偶者の控除額を多くしたのは内助の功を認めたものといわれていますが，国民の減税要求が大きかったと思われます。

　その後，配偶者の控除額が扶養控除より多いまま推移し，1974（昭和49）年に同額（24万円）になりました。このとき，配偶者控除という名称をやめ，扶養控除に統一すればよかったのです。

　親子・夫婦間では，働けない子どもやお年寄りなどと同様に，働けない（働いていない）配偶者，つまり所得のない者に対して，扶養の義務があります。先に述べましたが，そのための支出には課税をしない（控除する）ことが原則です。それを独身の人や共働きの人たちと不公平になるからといって，全廃しようとするのは増税に手を貸すものです（パート・アルバイトなどで所得のある者については，あとで述べます）。

　政府は，資産家を優遇する一方で，財源確保のために扶養控除さえなくしたいのです。実際，児童手当がでているとして16歳未満の子どもの扶養控除を廃止しました。また16歳から18歳未満の子どもにあった特

定扶養控除（25万円の加算分）も廃止しました。そして，つぎは配偶者の扶養控除を廃止するといいだしたのです。

◎「103万円の壁」が「150万円の壁」に

　配偶者控除で最大の問題とされてきたのが，「103万円の壁」でした。

　パート・アルバイト代が103万円を超えると配偶者控除が適用されなくなり，世帯の手取り収入がかえって少なくなる逆転現象が起きるため，就労調整をして103万円以内に収める人がいるからです。

　さらに，103万円の収入を得ている妻がいる場合，その夫は配偶者控除の適用を受け，妻も自分の所得に対する給与所得控除65万円と基礎控除38万円を引くことができ（つまり，税金ゼロ），夫婦で二つの控除を利用できることも，問題視しています。

　しかし，1987（昭和62）年に「配偶者特別控除」が導入されたことで，上記の手取りの逆転現象は，少なくとも税制上は解消されています（ただし，少なくない企業が「配偶者手当」の基準を103万円としているために，現実には問題が残っているともいえます）。また，現在の制度だと二つの控除を利用することができるからといって，配偶者に対する扶養控除を全廃するというのは極論だといえます。

　こうして議論のターゲットとされた配偶者控除ですが，結局，2017年の改定でも存続することになりました。ただし，2018（平成30）年以後，世帯主（主たる生計者）の給料が年間1,126万円以下の人で配偶者のパート・アルバイト代が年150万円以下のとき38万円の控除ができるようになりました。つまり「103万円の壁」が「150万円の壁」になったわけです。そのほか，世帯主の給料が1,126万円を少し上回る人や，配偶者のパート・アルバイト代が150万円を超えるときは，表4のようにやや複雑な仕組みになりました。

　しかし，このような小手先の修正で，問題の本質が変わるわけではありません。

表4　配偶者特別控除の条件と控除額（2018年以後）

配偶者の 年間給与額	世帯主の年間給与額			
	11,263,000円 以下の人	11,789,000円 以下の人	12,300,000円 以下の人	12,300,000円 を超える人
150万円以下の人	380,000円	260,000円	130,000円	0円
150万円超155万円 以下の人	360,000円	240,000円	120,000円	0円
155万円超160万円 以下の人	310,000円	210,000円	110,000円	0円
160万円超166万円 以下の人	260,000円	180,000円	90,000円	0円
166万円超175万円 以下の人	210,000円	140,000円	70,000円	0円
175万円超182万円 以下の人	160,000円	110,000円	60,000円	0円
182万円超190万円 以下の人	110,000円	80,000円	40,000円	0円
190万円超197万円 以下の人	60,000円	40,000円	20,000円	0円
197万円超201万円 以下の人	30,000円	20,000円	10,000円	0円
201万円超の人	0円	0円	0円	0円

　私たちは，勤労者に厳しく，資産家を優遇するいまの所得税のあり方を，憲法の考え方を実現する方向で，大幅に見直す必要があると思っています。給与所得控除や人的控除のあり方を含めて，税制をどのようにつくり直していくか，一人ひとりの納税意識を高めるなかで，活発で建設的な議論を積み重ねていくことが大切です。

第3章　日本の住民税は重い

1，住民税，どうして社長も私も10％？

◎住民税はどのようなものか？

　住民税は，私たちが住んでいる都道府県と市区町村の2か所に納める税金です。その年の1月1日現在に在住している市役所に，市・県民税として（東京都23区の場合は都・区民税として区役所に）まとめて納入します。

　住民だけでなく，企業も，本店所在地の市（あるいは区）に住民税を納めますが，本章では，個人の住民税について，その不公平性を検証します。

　個人の住民税には，「所得割」と「均等割」という二つの課税方法があります。所得割は，前の年の収入から配偶者控除や扶養控除，基礎控除などの控除をおこなったあとの金額に対し，一律10％かかります。10％の内訳は都道府県民税が4％，市区町村民税が6％となっています。基礎控除などの金額は所得税の控除額より低くなっています（後述）が，計算の仕組みは所得税と似ています。

　一方，均等割は都道府県民税が1,000円，市区町村民税が3,000円の合計4,000円です。ただし，東日本大震災の復興財源のために，2023年度まで都道府県民税と市区町村民税のそれぞれに500円がプラスされて，現在の均等割は都道府県分が1,500円，市区町村分が3,500円の合計5,000円となっています。

66　第3章　日本の住民税は重い

住民税を納める方法ですが，会社勤めなどの場合は給与から天引きされて，かわりに会社が納付します。これを「特別徴収」といいます。自営業者や無職の場合は，自分で市区町村に納めなくてはなりません。これを「普通徴収」といいます。

◎最低税率を倍に引き上げ，最高税率が半分になった「所得割」

　市区町村に納める住民税の所得割は，収入の大きさに関係なく一律10％の税率になっています。給料が何億円もある社長さんも，その会社で働く年収400万円の社員も，配偶者控除や扶養控除，基礎控除などの控除を引いたあとの金額に同じ10％の住民税がかかります。

　税率が一律10％になったのは，そう古い話ではありません。小泉純一郎内閣は，2006（平成18）年に「三位一体改革」をかかげて，税金や財政の仕組みを変えました。そのなかで，所得税の税率を下げるかわりに住民税の税率を一律10％にしました（実施は，2007年度）。

　政府は住民税を増やしても所得税を減らしたので，トータルとして国民の負担は変わらないと説明しましたが，実際には，所得の低い人ほど負担が大きくなりました。

　住民税の税率は次ページの表1のように，1987年まで14段階に刻まれ，最低税率は4.5％，最高税率は18％でした。しかし，1988年には最高税率が16％に下げられ，最低税率は5％に上げられ，税率の刻みも7段階に圧縮されました。さらに1989年から最高税率は15％に下げられ，税率の刻みは3段階に縮小されました。1999年には最高税率がさらに13％に下げられ，ついに2007年からは所得の大小にかかわりなく一律10％になり，現在にいたっています。

　その結果，高額所得の人たちは負担が軽くなり，所得の低い人たちの負担が重くなっているのです。

表1 「住民税」の税率の変遷

1987（昭和62）年		1988（昭和63）年		1989（平成元）年		1999（平成11）年		2007（平成19）年	
税率(%)	課税所得額	税率(%)	課税所得額	税率(%)	課税所得額	税率(%)	課税所得額	税率(%)	課税所得額
4.5	20万円以下	5	60万円以下	5	120万円以下	5	200万円以下	10	一律
5	20万超～45万以下	7	60万超～130万以下	10	120万超～500万以下	10	200万超～700万以下		
6	45万超～70万以下	10	130万超～260万以下	15	500万超～	13	700万超～		
7	70万超～95万以下	12	260万超～460万以下						
8	95万超～120万以下	14	460万超～950万以下						
9	120万超～220万以下	15	950万超～1900万以下						
11	220万超～370万以下	16	1900万超～						
12	220万超～370万以下								
13	370万超～570万以下								
14	570万超～950万以下								
15	950万超～1900万以下								
16	1900万超～2900万以下								
17	2900万超～4900万以下								
18	4900万超～								

2，「所得割」一律10％の，どこかおかしな理由

　なぜ，このような見直しがおこなわれたのでしょうか。

　政府は，その理由をつぎのように説明します。「住民税などの地方税は，住民が自治体・役所から受けるサービスの対価だから受けた利益に応じて等しく負担する税制がふさわしい」，「住民税はサークルの会費のような性格だから負担率は同じでよい」。

しかし，この説明はどこかおかしいと思いませんか。以下，二つの点から考えてみましょう。

◎税金は，役所のサービスを買うものなのか？

　まず，市役所から受けるサービスの対価として税金を払う，という点が問題です。市役所は戸籍や住民票，印鑑証明などの管理・交付事務，学校や図書館，生活保護など社会福祉関係の管理・事務をおこなっています。これは市民・住民のためにおこなう仕事，つまり，憲法25条にかかげられた最低限の生活，住民福祉の基礎を保障するための仕事です。住民側は国民・主権者の権利として市役所のサービスを受けるのです。戸籍謄本や住民票，印鑑証明などを取得するときは手数料を払っていますが，商店で物を買ったり，マッサージの利用料を払ったりすることとは明らかに違います。

◎「利益を受けたのだから同じ税率で負担すべき」ものなのか？

　もう一つは，「利益を受けたのだから税金を払え」という考え方です。この考え方を応益負担といいますが，応益負担は税金を取るための根拠を示す考え方で，税金の負担のあり方を示す考え方ではないということです。

　先に述べたように，市役所などの地方自治体は，住民に安全な暮らしや福祉などの利益を提供します。だから住民は税金を払うべきだという根拠になるのが応益負担です。でも，誰が，どのように税金を負担するかは応益負担から導くことはできません。つまり，「サービスの対価」だから一律10％でよい，という話にはならないのです。そして実際，2006年の小泉改革以前は，こんな乱暴な税金の取り方はしていませんでした。

　何億円も収入のある高額所得者に高い税率で負担してもらう一方，低い所得の人には低い税率をかけることで，格差社会をなくすことができます。そして集まった税金は社会福祉などの支出にあてます。これが税

金に求められる大切な役割，「所得の再分配機能」です。

これを具体化した仕組みが複数税率・累進税率です。累進税率は公平原則にかなう税金の基本的仕組みですから，所得税だけでなく住民税も累進税率に戻すべきなのです。

3，低所得者を直撃する負担増

住民税が一律10％になったことは，低所得者にとっては，それまでの５％が倍になったという話だけにとどまりません。住民税をもとに計算する国民健康保険料や保育料など，いろいろなところに波及します。

たとえば，認可保育所の保育料は住民税の所得割額によって料金が変わります。ある市の保育料の負担区分はつぎのようになっています。

①A区分：生活保護所帯

②B－１区分：ひとり親世帯で市民税非課税世帯

③B－２区分：B－１以外の市民税非課税世帯

④C区分：市民税均等割のみ課税世帯

⑤D区分：市民税所得割課税世帯で，所得割額によって１から16段階まで区分

かりにD区分の世帯で所得割額が５％のときに住民税が６万円だったとします。そのときの保育料は月9,700円でした。それが10％になったために税金が12万円になり，その保育料は月１万6,300円に跳ね上がりました。月々6,600円もの負担増になります。

4，株のもうけや配当金の税率は半分の５％

低所得者には負担が増す一方で，株でもうけたお金や配当金は，市区町村民税はかからず都道府県民税だけ，しかも税率は５％と半分になっています。本来，株のもうけや配当金は給料など他の収入と合計して課

税されて当然なのですが，証券会社や金融機関が所得税と一緒に住民税5％を天引きし，かわりに納付しているのです。

　税金の本来の考え方からすると，一生懸命働いて稼いだ給料などの勤労所得には低い税率で課税し，働かないで取得した配当金などの不労所得には高い税率で課税すべきです。ところが，不労所得が勤労所得より低い税率というのは，税金のあり方を逆立ちさせた不公平の極みです。

5，住民税の均等割はすぐに廃止すべき

　上で見たように，「所得割」一律10％も，税の公平・公正という点で大きな問題をもっていますが，「均等割」は，よりひどいものだといえます。

　たとえば独身の場合，収入から基礎控除などを引いた金額が35万円以下だと所得割は取られませんが，均等割は取られます。

　配偶者や扶養家族がいる場合は，本人・配偶者・扶養家族の合計人数に35万円をかけた額に32万円をたした金額を下回れば所得割は取られませんが，均等割だけは取られます。たとえば，妻のほか父親と母親を扶養家族としている場合，収入から配偶者控除，扶養控除，基礎控除などを引いた金額が172万円を下回れば所得割は取られませんが均等割は4人にかかります（172万円は，35万円×4人＋32万円と計算されます）。

　生活保護所帯には所得割も均等割もかかりませんが，生活保護基準を下回る低い所得の人でも均等割は取られるのです。低所得者のなかには，均等割が払えなくて滞納している人がかなりいるという報告もあります。

　1990年にイギリスのサッチャー政権が悪名高き「人頭税」を導入しました。サッチャーが導入した人頭税は18歳以上の人に平均350ポンド，1ポンド250円として約8万7,500円を課すという高い税金でした。人頭税はイギリス国民の強い反発にあい，1990年11月にサッチャーは辞職に追い込まれました。人頭税はわずか3年実施されただけで1993年に廃

止されています。均等割はこの人頭税と変わらないものです。

ところが，そんな均等割を増税すべきだという人がいます。小泉政権下で経済財政担当大臣だった竹中平蔵氏は，税制の基本を人頭税とすべきという持論を展開しています。2000年の政府税制調査会答申には，「均等割の負担水準の見直しを図る必要がある」と書いてありました。

いま均等割は都道府県分が1,500円，市区町村分が3,500円，合計5,000円です。これを引き上げるなど，とんでもありません。前近代的な人頭税と同じ均等割は早くなくすべきです。

6，なぜ住民税は高いのか？

毎月の給与明細を見て，所得税より住民税のほうが高い，と感じた人は多いと思います。そう思うのも無理はありません。実際に高いのです。その理由は以下のとおりです。

◎**一律10％が原因**
住民税が高い第1の理由は，2007年度から適用された一律10％の影響です。

表1（68ページ）をもう一度見てください。1999年の税率を見ると，課税所得が200万円以下の税率は5％でした。それが2007年から10％に上がったのですから，所得の低い人の住民税は倍になったのです。

所得税のほうはそれまでの10％が5％に下がったのでトータルすれば同じだと政府は説明しますが，それは，つぎに見るとおり，とんでもない間違いです。

◎**控除額が低いので住民税が高くなる**
住民税が高い第2の理由は，収入から引かれる扶養控除などの諸控除が所得税に比べて低いためです。

表2　所得税と住民税の諸控除比較表（2017年分）

控除の種類	控除額		控除対象となる人
	所得税	個人住民税	
基礎控除	38万円	33万円	本人
配偶者控除	38万円	33万円	年間所得が38万円以下の配偶者
老齢配偶者控除	48万円	38万円	70歳以上の人
配偶者特別控除	最高38万円	最高33万円	所得が38万円を超え123万円未満の配偶者 ただし本人の所得が1,000万円以下の人に限る
扶養控除	38万円	33万円	16歳から18歳，23歳から69歳までの扶養親族
特定扶養控除	63万円	45万円	年齢19歳以上23歳未満の扶養親族
老人扶養控除	48万円	38万円	年齢70歳以上の扶養親族
障害者控除	27万円	26万円	本人または配偶者もしくは扶養親族が障害者
特別障害者控除	40万円	30万円	上記の者が特別障害者（重度障害者）である場合
同居特別障害者控除	75万円	53万円	配偶者または扶養親族で同居している特別障害者
寡婦控除	27万円	26万円	①夫と死別した人で所得が500万円以下の人 ②夫と死別または離婚した人で扶養親族がいる人
寡夫控除	27万円	26万円	妻と死別または離婚し子どもの扶養親族がおり所得500万円以下の人
勤労学生控除	27万円	26万円	所得65万円以下で給与所得以外の収入が10万円以下の人

　表2を見てください。基礎控除や配偶者控除，扶養控除は所得税より5万円も低くなっています。その他の控除も軒並み所得税より低いのがわかります。すべての控除額が所得税より少なくなっているため，収入から諸控除を引いた金額は住民税のほうが多くなるのです。課税される所得金額が大きくなった住民税に10％かけるのですから増税になるのは当然です。

◎妻と子どもが2人いる年収500万円のサラリーマンで8万4,500円の差

　例をあげて所得税と住民税の額を比べてみましょう。年収500万円のサラリーマンです。彼には妻（パートで年収100万円）と22歳と16歳の子どもがいます。第2章の所得税のところでも説明しましたが，年間給与収入からまず給与所得控除額160万円を引きます。引いたあとの金額は340万円で，さらに社会保険料60万円を引きます。そうすると所得金額は280万円になります。彼には医療費，生命保険，地震保険，寄付金，雑損などの控除はないものとして計算します。その結果，表3のように所得税と個人住民税には税額で8万4,500円もの差が出ています。ですから，住民税は高いと感じるのは当然なのです。

表3　年収500万円のサラリーマンの所得税と住民税の比較（2017年分）

	所得金額A	基礎控除 b	配偶者控除 c	特定扶養控除 d	扶養控除 e	B (b～e 合計額)	課税所得額 A－B	適用税率	税額
所得税	280万円	38万円	38万円	63万円	38万円	177万円	103万円	5%	51,500円
住民税	280万円	33万円	33万円	45万円	33万円	144万円	136万円	10%	136,000円
差	0	△5万円	△5万円	△18万円	△5万円	△33万円	＋33万円		＋84,500円

出所）所得税，住民税の規定にもとづき中村幸男作成。

7，個人住民税を負担能力に応じた公平な税制に

　繰り返しますが，住民税の税率は2007年の税制改正で一律10％になりました。税金の公平原則で最も大切な負担能力に応じた課税，「応能負担原則」は住民税では完全に否定されています。さらに株のもうけや配当金などは，ほかの収入と切り離して5％で課税されています。住民税は高額所得者には軽く，低所得者には重い，不公平極まりない状況になっています。

　これを公平にするには，まず住民税も所得税と同じように累進税率に戻すことが必要です。つぎに基礎控除，配偶者控除，扶養控除などの諸

控除を少なくとも所得税と同じ額にするべきです。さらに，株のもうけや配当金は他の収入と合計して税金をかける総合課税にします。そして人頭税と同じ性格の均等割を廃止しなければなりません。

　以上のように個人の住民税を抜本的に見直すとともに，大企業などに対する優遇措置をやめれば，税収は地方税分だけで10兆6,967億円増えます (2017年度分「不公平な税制をただす会」増収試算，第5章表2参照)。

第4章 日本の法人税は高くない

1，法人税の二つの考え方——会社の利益は会社のものか，株主のものか？

◎法人税とは何か

　法人税は，株式会社などが得た利益に課せられる税金で，国の税収を支える重要な柱の一つです。

　2017（平成29）年の予算では，国の税収は，第1位が所得税，第2位が消費税，第3位が法人税となっていますが，1988（昭和63）年までは法人税が第1位でした。法人税はなぜ3位に転落したのでしょうか。その理由を明かすのがこの章のねらいです。

　国税庁の発表によると，日本には262万2,787の会社があり，そのうち86.9％は資本金1,000万円未満の小さな会社です。資本金が10億円を超える大企業はわずか5,172社で全体の0.2％にしかすぎません。ところが，その資本金10億円超の大企業の利益は約40兆円もあり，全部の会社の利益約57兆円の70％を占めています。数の少ない大企業が，全体の利益の約70％を占めているのです（2016年度分）。

　なお，法人にかかる税金には，国税の「法人税（所得税）」と，地方税の「法人事業税」「法人住民税」の3種類がありますが，これらを合わせて，「法人3税」と呼んでいます。

　また「法人」とは，人間以外で，法律上の人格を認められ，権利・義務の主体となりうる資格を与えられたものをいい，協同組合や医療法

人，学校法人，NPO法人など，さまざまありますが，本章では，営利目的の活動をおこなう「会社」にしぼって話を進めます。

◎会社の利益は株主のもの──会社は「実体のない仮の姿説」

　会社が稼いだ利益にかかるのが法人税だといいました。会社のもうけは会社が稼いだものですから，会社に税金をかけるのは当然です。ところが，会社は株主がつくったものだから，その利益は会社のものではなく株主のものだ，という考え方があります。

　会社の利益は株主のものだという考え方に立つと，会社の利益は株主に分配されるのだから株主に税金をかければよい。そして，会社と株主の両方から税金を取ると二重課税となるため，会社には税金をかけなくてよい，という話になります。

　この結論を導くのが，実質的に会社を動かしているのは株主で，会社は「実体のない仮の姿」だという考え方です。じつは日本の法人税は，この「仮の姿説」でできています。専門用語では「法人擬制説」といいますが，会社には実体がなく，見せかけの存在だという意味です。

　会社に実体がないなんて，理解しづらい話なのですが，じつは，法人税が減っている原因の一つが，ここにあるのです。

◎「仮の姿説」で大企業に大減税

　たとえば，大企業が株の配当を受けた場合，普通ならお金が入るわけですから利益になります。しかし日本の税法では，法人税を計算するとき，ほとんど利益に入れなくてよいことになっています。

　なぜ利益に入れなくていいのでしょうか。理屈はこうです。配当金を払うほうの会社は配当金を支出しても経費にならないため，受け取ったほうの会社も利益に入れなくてよい，したがって，税金をかけなくてよい。会社の利益は最後に個人の株主に配当されるのだから株主に税金をかければよい，というわけです。これは「仮の姿説」によるものです。

「仮の姿説」は，大企業の税金を減らすために大いに役立っているのです。

　ほかにも「仮の姿説」で大企業に有利な仕組みがあります。法人税の税率は，大企業の大きな利益も小さな会社の小さな利益も同じ税率，23.2％（2018年度から）になっています。なぜ，大きな利益には高い税率をかけ，小さな利益には低い税率をかける累進税率をとらないのでしょうか。

　「仮の姿説」では，税金は個人の株主が配当金を受け取ったときにかけるべきで，会社が払う法人税は株主が払う所得税の「前払みたいなもの」だと説明します。だから，前払の法人税には累進税率は必要がなく，同じ税率・比例税率でよいというのです。

◎会社の利益は会社のもの──会社「実在説」

　他方，「会社と株主は別で，会社は会社として独立している」という考え方があります。独立しているのだから会社の利益は会社のもの，会社に法人税をかけるのは当然だということになります。こちらは「仮の姿」に対し「実体のある独立した存在」ということで，専門用語では「法人実在説」といいます。読んで字のごとく会社は実在している，というわけです。

　アメリカは，この「実在説」をとっているため，法人税は，15％，25％，34％，35％，38％，39％の6段階の累進税率になっています（2016年現在）。

　日本もアメリカにならい，「仮の姿説」をやめ，「実体のある独立した存在」として法人税も累進税率にすべきです。とりわけ，株主と経営者が同じというオーナー株主の中小企業にとっては，憲法が掲げる生存権の保障という点からも要請されるものです。現在，資本金1億円以下の中小企業の場合，特例措置として，利益の800万円までは15％の低い税率になっていますが，こうした中小企業の生存権を考慮した措置は，格差社会をなくすためにも，より徹底しておこなわれるべきだといえます。

ところが，日本の現在の税制下では，憲法の要請する姿とは，大きく異なる事態が生じているのです。

2，巨大企業は極小で中小企業は極大の税負担

◎下に重く上に軽い税負担

　富岡幸雄中央大学名誉教授は，「日本で法人税をほぼ法定税率どおりに払っているのは，黒字を出した中小企業で，現状は巨大企業が極小の税負担で中小企業が極大の税負担をしている」と述べています。そして資本金の規模別に見ると，下に重く上に軽い「逆累進構造」になっていると指摘しています（『税金を払わない巨大企業』文春新書，2014年）。つまり，法人税の負担はきわめて不公平な状況になっているのです（図1）。

　表1を見てください。大企業と中小企業の法人税の負担割合を比べてみると，大企業は中小企業の負担割合の半分です。

表1　大企業，中小企業の実際の法人税負担率（2014年度）

	所得金額 ①	法人税額 ②	負担割合 ③（②／①）
中小企業　資本金1億円以下	160,217億円	33,065億円	20.6%
中堅企業　資本金1〜10億円	53,908	12,212	22.7
大企業　資本金10億円超＋連結法人	501,639	56,821	11.3

出所）国税庁「会社標本調査」，法人税等の申告（課税）事績の概要をもとに菅隆徳が作成。

◎大企業に対する減税の二つの方法

　なぜ，大企業は中小企業より低い負担割合になっているのでしょうか。それは大企業がさまざまな優遇措置を受けているからです。大企業に対する減税は，大きく分けて二つの方法が用いられています。

一つは年限を定めておこなわれている減税で，租税特別措置法という法律で決められます。「政策減税」といわれるものですが，たとえば試験研究費の税額控除などがあります。「政策減税」といっても，財界が要求したものを政府が「特別措置法」とするのです。しかも，いついつまでと年限を定めていますが，期限がくると延長する例がほとんどで，実質的には恒久的な減税になっています。

　もう一つは「特別措置法」ではなく法人税法に定められているもので，たとえば「受取配当益金不算入」（後述）などの減税があります。

　以下，詳しく見ていきましょう。

◎法人税は大企業ほど負担が軽くなる

　法人税の税率は，同一税率・比例税率になっています。そうだとすると，大きな利益のある大企業も利益の小さい中小企業も法人税の負担割合は同じになるはずです。

　図1は，国税庁の資料にもとづいて，資本金の規模別に実際に払った法人税を分子に，利益額を分母にして，法人税の負担割合を計算したものです。

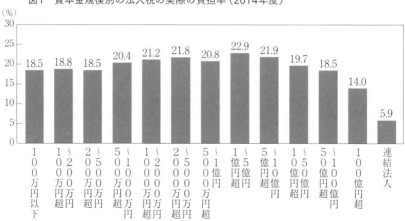

図1　資本金規模別の法人税の実際の負担率（2014年度）

出所）国税庁「会社標本調査」などにより菅隆徳が作成。

図1を見ると，資本金1億円以下の中小企業は18.5％から21.8％となっています。資本金が1億円を超え5億円以下の中堅企業は22.9％で一番高くなっています。それを超えると資本金10億円以下が21.9％，資本金50億円以下が19.7％と徐々に下がっていきます。資本金が100億円を超える大企業は14.0％まで下がっています。さらに，子会社とグループで連結納税する大企業になると5.9％しか負担していません。

◎連結納税で黒字を相殺

　親会社が子会社とグループで申告する連結納税会社の負担割合が5.9％と低いのはなぜでしょうか。グループの子会社のなかに赤字会社があると親会社の黒字と相殺されます。そのため，利益が圧縮され，親会社が単独で申告するより負担がずっと少なくて済むのです。表2を見てください。日本の有名な大企業はほとんど連結納税をしています。連結納税制度による大企業に対する減税は年間で約4,000億円にのぼります（2017年度分「不公平な税制をただす会」増収試算，第5章表1参照）。

表2　連結納税を採用している大企業

業　種	企　業　名
自動車	トヨタ自動車，本田技研，日産自動車，三菱自動車，ヤマハ発動機
電機	日立製作所，三菱電機，ソニー，東芝，富士通，シャープ，NEC
その他機械	村田製作所，三菱重工業，リコー，住友重機械工業，セイコーエプソン
鉄鋼・金属	JFEHD，神戸製鋼所，日立金属，日本軽金属
化学	三菱ケミカルHD，旭化成，田辺三菱製薬，住友ゴム，日産化学工業
その他製造業	旭硝子，味の素，TDK，帝人，日本ハム，サッポロHD，資生堂
エネルギー	JXHD，四国電力，中国電力
商社	三井物産，住友商事，丸紅，伊藤忠商事，双日，兼松
建設・不動産	東急不動産，大成建設，鹿島建設，熊谷組，大京，長谷工
運輸・通信	NTT，ソフトバンク，小田急電鉄，阪急阪神HD，全日空，日航，南海電鉄
金融	りそなHD，新生銀行，野村HD，大和証券，日立キャピタル

注）「HD」はホールディングスの略。
出所）各社の有価証券報告書による。

◎試験研究費の減税措置で莫大な減税

　また，会社が製造技術の改良，考案，発明のために試験研究費を支出したとき，支出した額の約10％を，その会社の法人税額から控除してくれます。これは試験研究費の税額控除という制度で，財務省の発表によると，2014年度にはトヨタ自動車の減税額は1,084億円，日産自動車213億円，本田技研工業210億円，JR東海192億円，キヤノン157億円などとなっています（表3参照）。「不公平な税制をただす会」の増収試算によっても，2017年度分で9,770億円の減税額になっています（第5章表1参照）。

表3　1社当たりの試験研究費による減税額
（2014年4月1日〜2015年3月31日に終了した事業年度）

		社名	租税特別措置の種類	減税額（億円）
①	連結	トヨタ自動車	試験研究費の税額控除	1,084
②	〃	日産自動車	〃	213
③	〃	本田技研工業	〃	210
④	単体	JR東海	〃	192
⑤	連結	キヤノン	〃	157

注）1. 連結は連結納税をしている法人，単体は単体で申告納税している法人
　　を示す。
　　2.「報告書」では社名は公表されず，コード番号により表示されているが
　　トヨタ自動車は菅隆徳の推定による。また日産自動車，本田技研工業，
　　JR東海，キヤノンは朝日新聞（2016年2月14日付）の推定による。
　　3. 5社はいずれも資本金10億円超の大企業である。
出所）財務省2016年発表「租税特別措置の適用実態調査の結果に関する調査」
　　をもとに菅隆徳が作成。

◎受取配当益金不算入

　受取配当益金不算入は，企業がもっている他社の株の受取配当金を，利益に組み入れなくてもよい，という制度です。その株が，国内にある子会社や関連会社のものであれば，配当金は100％除外してよく，それ以外の企業の株についても50％を利益としてカウントしなくてよいことになっています。

さらに，条件を満たせば海外の子会社からの受取配当金も95％を，利益に算入しなくてもよい，とされています。

3，「日本の法人税は高い」というまやかし

◎「法人実効税率」のごまかし

　安倍首相は企業の競争力をつけるため，高すぎる日本の法人税を引き下げるとしています。経団連など財界も，日本の法人税率をアジア諸国並みに引き下げるべきだと要求しています。本当に日本の法人税は高いのでしょうか。表4は財務省がつくった法人税率の国際比較です。

　彼らはこれを「法人実効税率」といっています。実効税率というと会社が実際に払った税率のように聞こえますが，これはごまかしです。彼らは会社の利益に対してかかる，法人税，法人事業税，法人住民税，のいわゆる法人3税の合計税率を実効税率といっているのです。つまり表面的な法定税率のことで，会社が実際に負担した税率ではありません。

表4　法人3税の国際比較（2015年4月現在）

日本	アメリカ	フランス	ドイツ	中国	イギリス
32.11%	40.75%	33.33%	29.66%	25.00%	20.00%

出所）財務省資料。

　表4を見ると日本はアメリカよりは低く，中国，イギリスよりは高い，中位の水準のように見えます。安倍首相や財界は，これが高いので中国並みの25％まで引き下げるといっているわけです。もし法人3税を中国並みの25％に引き下げると，その減税額は年間5兆円になるといわれています。

　しかし，表4は，各国の表面的な法定税率を示しただけのものです。しかも，国によって制度や仕組みに違いがありますし，特別な優遇措置なども異なります。法人税の負担割合は，表面的な法定税率の比較をし

ても無意味なのです。比較をするなら，会社が実際に負担している割合，本当の負担率によらなければ意味がありません。

表5　主要大企業の5年間の平均法人3税負担率

企業名	2011〜2015年度の合計		
	税引前純利益（億円）	法人3税（億円）	負担率（％）
トヨタ自動車	71,269	15,001	21.0
日産自動車	13,756	1,046	7.6
武田薬品工業	13,360	1,615	12.1
キヤノン	12,180	2,927	24.0
デンソー	10,619	2,165	20.4
本田技研工業	9,706	1,430	14.7
三井物産	9,318	▲87	▲0.9
伊藤忠商事	7,383	224	3.0
新日鐵住金	6,520	272	4.2
第一三共	6,025	216	3.6
小松製作所	5,948	861	14.5
三菱電機	5,714	58	1.0
豊田自動織機	4,945	1,210	24.5
丸紅	4,413	33	0.7
三井不動産	4,218	871	20.6
いすゞ自動車	4,164	807	19.4
京セラ	3,934	691	17.6
マツダ	3,854	421	10.9
アステラス製薬	3,843	874	22.7
住友商事	3,347	▲56	▲1.7
合計・平均	204,516	30,579	14.95

注）5年間の法人3税（法人税，法人事業税，法人住民税）の
　　負担総額を5年間の税引前純利益の総額で割って負担率
　　を計算。
出所）各企業の個別損益計算書により菅隆徳が作成。

84　第4章　日本の法人税は高くない

◎日本の大企業の実際の負担率は中国より低い15％

そこで日本の大企業の実際の負担率を，各社が公表している決算書，有価証券報告書から計算してみました。すると平均で15％しか負担していないことがわかりました（表5参照）。

財務省の発表しているわが国の表面的な法定税率は法人3税で32.11％（表4参照）ですが，大企業はさまざまな優遇措置によって，実際の負担は半分以下に減っているのです。これが大企業の本当の負担率です。諸外国と比較すれば，すでに中国より低いことになります。

◎2014年度で5兆7,973億円の大減税

租税特別措置法による減税額は，永らくその一部しか公表されませんでした。しかし民主党政権のときに「租税特別措置の適用状況の透明化等に関する法律」が制定されて以来，毎年国会でその減税内容が公表されるようになりました。また法人税法で定められている受け取った配当金を利益から除くことによる減税額も，国税庁がその詳細を毎年公表しています。

では，いったいどれほどの金額が大企業減税になっているのでしょうか。次ページの表6は資本金10億円超の大企業と連結納税をしている会社に対する減税額を示したものです（2014年度分）。

租税特別措置法による減税措置で1兆5,361億円，法人税法の減税措置で，4兆2,612億円，合計で5兆7,973億円になります。2014年度の法人税の税収は10兆2,097億円でしたから，いかに莫大な金額を大企業のために減税しているかがわかります。

また，消費税が導入された1989年以後，法人税の税率はどんどん下げられました。税率を下げたため，大企業の法人税負担は大幅に減っています。法人税の税率は消費税導入前の42％に戻すべきです。法人税の税率をもとに戻せば約10兆円の増収になります（第5章表1，表2参照）。

表6　大企業優遇措置による減税額（2014年度）

減税項目		減税額	概　要
租税特別措置法による減税措置		1兆5,361億円	試験研究費の税額控除など
法人税法による減税措置	受取配当益金不算入	2兆3,722億円	受取配当を利益から除き，減税するもの
	外国子会社配当益金不算入	1兆4,493億円	外国籍企業の外国子会社からの配当の95％を利益から除く減税
	連結納税	4,397億円	国内子会社の所得を親会社の所得と合算して法人税を計算する仕組み。連結納税グループ企業の中に赤字法人があると，各企業の黒字と赤字が相殺されるため課税所得が減り，個別に納税するより法人税が減税になる
	株式発行差金への非課税	0億円	会社に株主から払い込まれる株式発行差金（プレミアム）は一種の「利益」と考えられるが，法人税ではこれに課税しない
合計　①		5兆7,973億円	

出所）財務省「法人企業統計」，「租税特別措置の適用実態調査の結果に関する報告書」，国税庁「会社標本調査結果」などにより菅隆徳が作成。

◎政治献金が大減税をつくりだす

『朝日新聞』は，財務省が租税特別措置法による2014年度の減税額を発表したのを受けて，「企業の政策減税倍増」，「安倍政権で1.2兆円，62％巨大企業」，「大企業減税，家計に届かぬ果実」と書いたうえ，「企業の大口献金急増」と報じています。記事はつぎのように述べています。

「企業から自民党への政治献金が増えている。自民党の政治資金団体，国民政治協会への300万円以上の大口献金を『朝日新聞』が集計したところ，自民党の政権復帰で急増し，2014年には民主党政権時代のほぼ倍の約14億円になった。最も多いのは自動車業界（部品，重機などを含む）の計約2億7千万円で，全体の約2割を占める。トヨタは6440万円，日産は3500万円だった。2位の電機業界は約1億9千万円。アベノミクスの『第2の矢』で公共事業が増えた建設業界は12年の約3.4倍に増え，電機業界とほぼ同額となった……」（『朝日新聞』2016年2月14日）。この記事

からも，政治献金が会社の大減税をつくりだしている状況がよくわかります。

◎経団連の要望

　税金の法律は毎年変わります。経団連の担当者として財務省と交渉にあたっている経団連常務理事の阿部泰久氏はつぎのように話しています。

　「毎年の税制改正にあたり，租税特別措置についてはそれぞれ対応する要望官庁があり，経産省なり国交省なりが前面に立って検討しますが，法人税本法については，財務省が中心となり，あとは納税者代表として経団連が意見を出しています。（中略）今回の改正は，成長戦略の中で，所得の大きい企業，稼ぐ力のある企業ほど手厚い減税になっています。一方で稼ぐ力の乏しい企業には今まで以上に負担を課す，というのがはっきりした形で表れることになりました。検討過程では，経団連主要企業データと突き合わせてシミュレーションを行って，どれだけ制度を変えたら企業にどれだけ影響があるかというのを当てはめていきます。それをもとに，改正の影響が各企業に対してできるだけなだらかになるようにと意識して意見を出してきました」（中央経済社『税務弘報』2015年3月号）。

　要するに，多額の政治献金をした財界が，納税者の代表として財務省と交渉し，大企業の減税になる優遇措置を要望し，財務省はその要望にそって法律をつくっているのです。

◎優遇措置は「隠れた補助金」

　大企業の政治献金が税金の公平性をゆがめている実態について，森岡孝二関西大学名誉教授はつぎのように述べています。

　「法人税率の引き下げや政策減税の拡大に代表されるアベノミクス税制は日本経済全体ではなく，一部のグローバル企業にとって都合がいい政策ばかりだ。減税の恩恵を受けた企業から自民党が多額の献金を受け

ているのは利益の還流と言え，経済界と政治の蜜月ぶりを象徴している。多額の政治献金が税制改正の議論を歪めてしまう可能性がある」（『朝日新聞』2016年2月14日）。利益の還流とは大企業に対し税金を戻すこと，つまり，優遇措置による減税は実質的には補助金と同じだと指摘しています。このような補助金を「隠れた補助金」といいます。

4，トヨタ自動車は法人税を払っていなかった

◎トヨタ自動車は5年間，法人税ゼロ

　大企業に対する優遇措置で，多大な恩恵をあずかった企業の典型例をトヨタ自動車に見ることができます。

　トヨタ自動車の豊田章男社長は，2013年度の決算説明会の席で，「私が社長に就任してから，一度も国内では税金を払っていなかった。今度ようやく納税できることになり，社会に貢献できうれしい……」とあいさつして，世間を驚かせました。トヨタ自動車の広報担当者は，「社長が国内の税金と申し上げたのは，法人税のことでございます」とコメントしました。

　調べてみると，たしかにトヨタ自動車は2008年度から2012年度の5年間，法人税を1円も払っていませんでした。法人税も払っていないのに，株主には5年間で1兆円を超える配当をしていたことが明らかになりました。表7を見てください。

　トヨタは2008年のリーマンショック後に自動車の販売が落ち込み，2009年，2010年度は赤字決算になりました。しかし，その後業績を回復し，2011年，2012年度には多額の利益をだしています。利益は5年間通算すると9,378億円になりますから，少なくとも2,800億円ほどの法人税を納めなくてはならないはずです。なぜ5年間も法人税ゼロで済んだのでしょうか。

　トヨタは黒字だった2008年，2011年，2012年度だけでも，利益から

表7　トヨタ自動車の利益と法人税・配当

（単位：億円）

年度	税引前利益	法人税	支払配当
2008	1,826	0	3,136
2009	△771	0	1,411
2010	△470	0	1,568
2011	231	0	1,577
2012	8,562	0	2,851
合計	9,378	0	1兆543

出所）有価証券報告書により菅隆徳が作成。

表8-1　トヨタの税引前利益から除く金額

（単位：億円）

年度	受取配当益金不算入	繰越欠損金
2008	780	－
2011	4,095	－
2012	4,425	3,562
小計	9,300	3,562

出所）有価証券報告書により菅隆徳が作成。

表8-2　法人税額から差し引く金額

（単位：億円）

年度	試験研究費の税額控除	外国税額控除
2008	161	895
2011	－	－
2012	283	60
小計	444	955

出所）同左。

除かれる配当金・受取配当益金不算入で，9,300億円も利益を少なくしています。さらに納める法人税から，試験研究費の税額控除などで1,000億円以上も法人税を減らしています。これらの大企業に対する優遇措置がトヨタの法人税をゼロにしたのです（表8-1，8-2参照）。

　トヨタは2007年度に海外生産が国内生産を上回り，2013年度にはグループ全体で，海外生産582万台，国内生産429万台となっています。その結果，「国内で生産し，輸出で稼ぐ」という従来の姿ではなく，「海外で生産し，稼いだもうけを国内に配当する」という姿に変化してきたといわれています。

　2009年度からは外国にある子会社からもらった配当金が実質的に課税されない制度がつくられ，トヨタはこの制度の恩恵を受けています。

第4章　日本の法人税は高くない　89

◎トヨタや日産の政治献金の効果は

　トヨタ6,440万円，日産3,500万円の政治献金の効果はどうだったのでしょうか。2014年度の両社の減税額を見てみましょう。トヨタは試験研究費の減税で1,084億円，受取配当益金不算入が2,146億円，その他の減税で119億円，合わせて減った税金は3,349億円です。

　日産の減税は，試験研究費の減税で213億円，受取配当益金不算入で1,253億円，合計で1,466億円です。これらの金額は各社の有価証券報告書から推計計算したものです。

　政治献金が大企業に優遇措置をもたらし，公平な税制をゆがめているのです。

◎法人税減税の穴埋めに使われた消費税

　トヨタを含めて，大企業に対する減税は年間23兆円を超えています（第5章表1，表2参照）。大企業が，その負担能力に応じて税金を払えば，消費税の増税はいっさい必要ありません。しかし，実際は逆に，法人税減税の穴埋めに消費税が使われているのです。

　図2は消費税を導入したあとの消費税収入と，1989年の税収を基準とした法人3税の減収分を示したものです。

　税率の引き下げや大企業に対する優遇措置などで，1990年から2017年までの28年間に失われた法人3税は累計で280兆円になります。一方，消費税の税収は累計で349兆円です。消費税の税収349兆円のうち280兆円が法人3税の減税に消えています。その割合は80.2％にもなります。つづめていえば，消費税は法人3税の減税のために導入されたといっても過言ではありません。

　法人税は消費税を導入した1989年には約19兆円ありました。ところがその後，法人税の税率を下げたり，大企業に対する優遇措置によってどんどん減っていきました。2017年の法人税の税収は11兆円まで落ちこんでいます。

図2 消費税収と法人3税の減収額（単位：兆円）

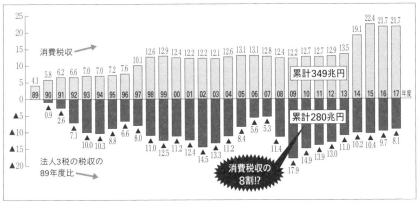

出所）財務省・総務省公表データにより計算した数字を「消費税廃止各界連絡会」が作成。

　安倍政権は消費税を10％に上げると4兆4,000億円増収になるとしています。一方，法人3税の法定税率を引き下げることによって数兆円の税収が失われます。

5，中小企業の税負担は増加
——法人事業税の外形標準課税

　大企業に対する大幅減税の一方で，法人税収を増やそうとする動きもあります。それは，2004年に導入された，都道府県民税である法人事業税に対する外形標準課税です。ただし，これは中小企業の負担を重くするもので，大きな問題があります。

　法人税は利益にかかるものですから，赤字なら税金は取れません。このため，地場産業の衰退で，法人事業税の税収が思うように都道府県に入らなくなったことから考えられたのが，赤字の会社からも税金が取れる外形標準課税でした。

　その仕組みは，事業税を利益だけではなく外形標準も使って課税するものです。外形標準とは，外から見てわかるもの，たとえば会社の資本

金や人件費をベースに税金をかけるものです。資本金や人件費は絶対にマイナスにならないため，赤字でも税金が取れるわけです。

　総じて人件費の割合が高いのは中小企業ですから，この仕組みだと中小企業の負担が大きくなります。赤字でも税金を納めなくてはならないため経営に大きな影響を与えます。

　ただし，いまのところ，資本金が1億円を超える会社にだけこの方法によって課税し，資本金1億円以下の中小企業は除外されています。しかし，政府のなかには外形標準課税を中小企業にも広げようという動きがあります。

◎中小企業にも外形標準を拡大

　安倍政権は法人3税の法定税率をそれまでの32.11％から2016年度に29.97％に下げ，2018年度には29.74％まで下げるといっています。そうすると法人税の税収が減ってしまうため，その穴埋めとして，資本金1億円以下の中小企業にも外形標準を拡大しようというのです。

　赤字の中小企業に事業税の負担を求めることになれば，赤字企業の負担で，黒字企業の法人税を減らすことになります。また人件費に税金をかけるので，賃金が抑えられることになります。そのため，中小企業の経営を破壊するとして猛烈な反対が起こっています。

　日本商工会議所をはじめとする中小企業4団体や中小企業家同友会も外形標準課税の拡大に断固反対を表明しています。日本税理士連合会も「外形標準課税は中小企業に導入しないこと」を要望しています。経団連も「外形標準課税の安易な拡大はすべきではない。とくに，現在資本金1億円超の法人に課されている外形標準課税の対象を資本金1億円以下の法人に拡大するならば，一般的に人件費の比率の高い中小企業の経営を大きく圧迫することになる。地域雇用の8割を支えている中小企業には格別な配慮が必要である」と述べています。

　繰り返しますが，税金は負担能力に応じて払うのが原則です。税金の

負担能力を反映しない人件費に税金をかけることは，とうてい許されることではありません。

6，大企業には高く，中小企業には低く

◎大企業への優遇措置をやめ，法人税も累進課税に

　日本の法人税は，もうかっている会社ほど税負担が軽く，不公平だと指摘してきました。法人税を公平なものにするためには，第1に，大企業だけが恩恵を受けている優遇措置を廃止すべきです。

　第2に，個人に対する所得税と同じように，累進税率にしなくてはなりません。大企業の大きな利益と中小企業の小さな利益を同じ税率・比例税率で課税するのは，不公平です。繰り返しますが，会社は，それぞれ課税主体としての「実体」をもつ存在です。したがって，応能負担原則にもとづく，累進課税こそが正しい課税方法だといえます。

◎累進税率にした場合の法人税収はこうなる

　表9は国税庁が発表した2014年度の資料をベースに，法人税を所得税に準じて5％，15％，25％，35％，45％の5段階の累進税率にした場合の法人税収を試算したものです。この際，大企業に対する優遇措置もなくします。すると，2014年度の法人税収10兆2,097億円が，25兆6,900億円に，じつに2倍以上になるのです。

　大企業に対する負担が増える一方，中小企業は減税になります。大企業の負担が増え，中小企業の負担が小さくなる，これこそ，能力に応じて負担する本当の公平な税制ではないでしょうか。福祉社会建設のための財源を生み出すためには，法人税の抜本的な見直しが大きなカギを握っているのです。

表9　法人税を累進税率とした場合の法人税収（2014年度）

	合計所得金額 ①	利益法人数 ②	1社当たり 平均所得 ③ （①／②）	累進税率による1社当たり 法人税額 ④	累進税率による法人税収 ⑤ （④×②）
（資本金階級別）	百万円	社	百万円	万円	百万円
100万円以下	622,430	91,212	7	35	31,924
100万円超	80,122	16,038	5	25	4,009
200万円 〃	1,961,709	338,554	6	30	101,566
500万円 〃	3,843,431	250,221	15	145	362,820
1,000万円 〃	1,751,735	66,053	27	395	260,909
2,000万円 〃	3,854,816	70,836	54	1,070	757,945
5,000万円 〃	3,907,550	23,868	164	3,820	911,758
1億円 〃	3,897,769	10,256	380	9,220	945,603
5億円 〃	1,493,049	1,371	1,089	33,725	462,370
10億円 〃	4,474,527	2,426	1,844	67,700	1,642,402
50億円 〃	3,040,959	589	5,163	217,055	1,278,454
100億円 〃	21,230,304	820	25,891	1,149,815	9,428,483
連結法人	21,418,103	884	24,229	1,075,025	9,503,221
合　計	71,576,504	873,128			25,691,464

注）法人税率は5％（所得800万円以下），15％（所得2000万円以下），25％（所得5億円以下），35％
　（所得10億円以下），45％（所得10億円超）の5段階とし，超過累進税率を適用している。
　　合計所得金額＝申告所得金額＋受取配当益金不算入額等＋引当金等増加額＋連結納税によって
　相殺された額の合計額を示している。
出所）国税庁，平成26年度分「会社標本調査」をもとに菅隆徳が作成。

| 第5章 | **不公平な税制をなくせば**
社会保障財源が得られる |

「不公平な税制をただす会」は1984（昭和59）年から，「公平な税制確立のための財源試算」を発表してきました。当時は，財政難から各種公共料金の値上げ，たばこ税，ガソリン税などの増税，さらに消費税の導入が現実味を帯びてきたころでした。一方，社会保障費はどんどん削られていきました。

世界第2位の経済大国になった日本の財源は，枯渇したのではなく，作為的に隠されているのではないかという疑問にこたえるため，「不公平な税制をただす会」は財源試算を開始しました。そして2017年で財源試算は33年目になります。

1，財源試算（増収）のポイント

（1）財源試算の視点

税負担のあり方としては，何が公平で，何が不公平なのかの判断が大切です。「不公平な税制をただす会」は，税金が負担能力に応じて課税されることが最も公平であることを前提にしています（応能負担原則）。

この前提にもとづいて，最低生活費には税金をかけない，働く人々の所得には重い税金をかけない，反対に勤労によらない所得には重い税金をかける，などを基本的視点にしています。

（2）日本国憲法がかかげる税金の取り方

　日本国憲法は国民主権主義，平和主義，福祉社会の建設を目的にしています。ですから税金の取り方も，①人々の人権を侵害しないこと，②政府が取り立てるのではなく，国民の自主的な申告納税制度によること，③応能負担原則によること，④最低生活費には課税しないこと，⑤生存的財産に重い税金をかけないこと，⑥地方自治の原理を尊重すること，に則っていなくてはなりません。これに反する税制は憲法違反になります。

（3）財源試算の四つの基準

　「不公平な税制をただす会」の財源試算は，つぎの四つの基準をもとにおこなっています。

①費用でないものを費用にすることを認めません――たとえば返品調整引当金[*1]，海外投資損失準備金[*2]，特別償却[*3]などを廃止します。

②利益であるものを利益にしないことを認めません――たとえば株式発行差金（いわゆるプレミアム）[*4]，法人の受取配当益金不算入[*5]を廃止します。

---

*1　引当金とは，将来発生するかもしれない支出を想定して，つまりまだ支出していないのに支出したものとして経費にするものをいいます。たとえば，返品調整引当金は出版社が販売した本が返品されることを想定し，推定返品率をもとに一定額を経費にするものです。

*2　準備金も引当金と同じく，将来発生するかもしれない支出にそなえて，実際には支出していないのに支出したものとして経費にするものをいいます。たとえば，海外投資損失準備金は，企業が外国で事業を展開するため，その国の会社の株を買い，その株価が下がるかもしれないとして一定額を経費にするものです。

*3　特別償却とは，通常の減価償却費の枠を越えて特別に多く経費を認めるものです。

*4　株式発行差金とは，株を発行したときに発行価格の2分の1までは実際にお金が入ったにもかかわらず利益にしないことができるものです。

*5　会社が配当金をもらったら普通は利益にするべきですが，法人税の計算をするときには利益からはずすことができます。これを「受取配当益金不算入」といいます。

③税負担の公平を著しく損なわせている税制を是正します——たとえば証券優遇税制[*6]，連結納税制度[*7]，外国税額控除[*8]などを見直します。

④応能負担原則にもとづく税率の適正化をおこないます——法人税の税率や高額所得者の税率は消費税導入後大幅に引き下げられてきました。たとえば法人税は1988年の42％から2018年には23.2％に，所得税の最高税率は1988年の60％から2017年には45％に下げられています。これを消費税導入前の税率に戻します。

（4）大企業に対する不公平税制見直しの基準

拡大する所得格差を是正するため，応能負担原則にしたがって負担が可能なところに税負担を求め，これを福祉財源にあてることが求められています。

そこで，大企業に対する財源試算の基準をつぎのようにしています。

①資本金10億円以上を大企業とします。

②大企業の税負担を軽くしているものを見直しの対象とします。

③中小企業が利用できない特別な措置や，利用はしているが利用率の少ない特別な措置を見直しの対象とします。

（5）その時々の政権に左右されない財源試算

税制改正の内容は，その時の政権が考える政策に影響されがちです。

＊6　証券優遇税制とは，株を売ったもうけや株の配当金などは，ほかの収入と合わせて総合課税すべきですが，いまはほかの収入と切り離して課税しています。しかも率率は低く設定されています。これは資産家に対する優遇税制です。

＊7　連結納税制度とは，企業グループを一つの単位として，グループに属する会社の黒字から赤字を差し引いて親会社がまとめて納税する仕組みをいいます。この制度によって大企業の法人税がぐっと少なくなっています。

＊8　外国税額控除とは，法人税と同じような税金が外国と日本で二重に課税されることを排除するためと称して，外国で課税されたとされる税金を日本で控除する制度です。

私たちの財源試算は，日本国憲法の精神を反映させる税制を構築することが最も大切だとして，時の政権の政策に振り回されることなくおこなってきました。日本国憲法が予定している公平な税制を実現するために，法人税における大企業優遇税制と所得税における高額所得者・資産家優遇税制を見直しの中心におきました。

2，税金は福祉社会建設のために使うもの

　憲法は，全世界の人々が平和のうちに生存する権利を有することを確認しています（前文）。また，国権の発動たる戦争の永久放棄・戦力不保持および国の交戦権を認めていません（9条）。さらに生存権（25条）をうたっています。このように平和と生存権を重視している憲法の下で税金を使う際の原則は，「軍事費に使わない」こと，「福祉社会建設のために使う」ことになります。つまり憲法は，国民が払った税金の大半を福祉社会建設のために使うことを要請しているのです。

　所得格差が拡大している現状では不公平な税制の是正が急務です。総合課税や累進課税を否定する税制，高額所得者・資産家を優遇する税制，大企業に特恵的な税制，消費税の増税だけにたよる税制から抜け出さなければなりません。所得格差をなくすには，あるところから取り，ないところに回す税制が必要です。これを所得の再分配機能といいます。

　所得再分配がおこなわれれば，人々は生活や経営が脅かされることなく，健康で文化的な生活を送ることができます。貧しい者がますます貧しくなることはありません。将来の不安のために消費を控えることもなくなり，老後の暮らしの不安から解消されます。若者が結婚に不安を抱くこともなく，子どもに必要な食事や必要な教育を受けさせることもできるようになります（具体的な社会保障のあり方はあとで詳しく紹介します）。

第5章　不公平な税制をなくせば社会保障財源が得られる　99

3，税の使い方（歳出）の見直しのポイント

　税の取り方（歳入）の見直しとともに，税の使い方（歳出）の見直しも必要です。

①大型開発優先の歳出の見直し——「国土強靱化」の口実で，東京外環道をはじめ三大都市圏環状道路，リニア新幹線，国際コンテナ港湾など巨大公共事業に税金をばらまく予算を見直す必要があります。

②軍事費の大幅削減——５年連続で過去最高額を更新した軍事費総額5兆1,718億円（2017年補正予算合計）を削減すべきです。日米地位協定の負担原則に反する「思いやり予算」，SACO（沖縄に関する特別行動委員会）関連経費，米軍再編経費の合計3,985億円（2017年予算）も廃止する必要があります。

③政党助成金の廃止——憲法違反の疑いの大きい政党助成金320億円（2017年度本予算は318億円）を廃止すべきです。

　以上のように，不要・不急の大型公共工事や軍事優先の予算を減らし，その分を社会保障，教育，子育て支援など，格差と貧困の是正につながる予算に回します。

4，不公平な税制をただせば38兆円強の増収に

　私たち「不公平な税制をただす会」は，以上のような視点にたって不公平な税制を見直せば，毎年たくさんの税収があがることを指摘してきました。試算のもとになる金額は政府関係が発表したものを使っています。つぎの二つの表を見てください。2017年度の増収試算額は国の税金で27兆3,343億円，地方税で10兆6,967億円，合計38兆310億円になっています（細かい計算の過程は，不公平な税制をただす会編『福祉と税金』2017年，第29号，38〜75ページを参照してください）。

不公平税制の是正による増収試算

【財源試算2017年度（国税および地方税）】

表1　国税関係

項　目	目安金額
1．法人税	（単位：億円）
（1）　株式発行差金（プレミアム）非課税廃止	9,140
（2）　受取配当益金不算入の廃止	67,061
（3）　各種引当金・準備金の廃止	9,418
内訳	
①　返品調整引当金　　　　　　　　100億円	
②　海外投資損失準備金　　　　　　724億円	
③　保険会社等の異常危険準備金　　676億円	
④　探鉱・海外探鉱準備金　　　　3,100億円	
⑤　使用済燃料再処理準備金　　　4,417億円	
⑥　新幹線鉄道大規模改修準備金　　401億円	
（4）　特別償却，割増償却の廃止	9,657
（5）　社会保障診療報酬の所得計算の特例	1
（6）　新鉱床探鉱費等特別控除の廃止	66
（7）　試験研究費の税額控除廃止	9,770
（8）　エネルギー環境負荷推進設備等の税額控除の廃止	545
（9）　外国子会社からの受取配当の益金不算入の廃止	25,719
（10）　公益法人課税の適正化	－
（11）　連結納税制度の廃止	3,976
（法人税の増収試算の合計額）	（135,353）
2．所得税	
（1）　個人利子所得課税の是正（申告分離課税を廃止して総合課税／一般分）	138
（2）　個人配当所得課税の是正（配当税額控除の廃止）	1,202
（3）　個人配当所得課税の是正（申告分離課税を廃止して総合課税）	5,219
（4）　給与所得控除の無制限制度の是正（上限年収1,500万円）	－
（5）　土地の譲渡所得の分離課税の是正	5,524
（6）　有価証券譲渡益課税の強化（申告分離廃止）	6,851
（7）　医師優遇税制の是正	250
（8）　政治資金課税の是正	457
（9）　住宅ローン減税制度の是正	6,210
（所得税の増収試算の合計額）	（25,851）
3．税率配分の適正化	
（1）　大企業からの（法人税率改定による）増収分	99,888
（2）　高額所得者からの（所得税率改定による）増収分	12,251
国税計	273,343

第5章　不公平な税制をなくせば社会保障財源が得られる　101

表2　地方税関係

項　目	目安金額
1．法人税特例廃止による地方税 (法人事業税・同住民税) 増収	(単位：億円)
(1)　株式発行差金 (プレミアム) 非課税廃止	912
(2)　受取配当益金不算入の廃止	6,700
(3)　各種引当金・準備金の廃止	677
内訳	
①　返品調整引当金　　　　　　　　9億円	
②　海外投資損失準備金　　　　　　50億円	
③　保険会社等の異常危険準備金　　47億円	
④　探鉱・海外探鉱準備金　　　　217億円	
⑤　使用済燃料再処理準備金　　　309億円	
⑥　新幹線鉄道大規模改修準備金　45億円	
(4)　特別償却・割増償却廃止	963
(5)　試験研究費の税額控除廃止	683
(6)　エネルギー環境負荷推進投資促進税制の廃止	38
(7)　新鉱床探鉱費等特別控除の廃止	4
(8)　外国子会社からの受取配当の益金不算入の廃止	1,800
(9)　公益法人のみなし寄付金適用の廃止	－
	(11,777)
2．所得税特例廃止による地方税 (個人住民税) 増収	
(1)　個人利子所得課税の是正 (総合課税)	199
(2)　配当所得特例の廃止	－
(3)　給与所得控除の無制限制度の是正 (上限年収1,500万円)	－
(4)　土地の譲渡所得の分離課税の是正	1,427
(5)　医師優遇税制の是正	0
(6)　政治資金課税の是正	114
	(1,740)
3．地方税独自の特例廃止による増収	
(1)　社会保険診療報酬特例の廃止 (事業税)	0
(2)　土地税制の特例の廃止 (固定資産税)	24,185
(3)　家屋税制の特例の廃止 (固定資産税)	79
(4)　償却資産の特例の廃止 (固定資産税)	836
(5)　都市計画税の特例の廃止 (都市計画税)	170
(6)　軽油引取税の課税免除の見直し (軽油取引税)	867
(7)　鉱物事業特例の廃止	28
(8)　自動車税の特例の廃止 (自動車税)	151
(9)　自動車取得税の非課税の見直し (自動車取得税)	964
(10)　軽自動車税の特例の廃止	15
(11)　事業所税の特例の廃止 (事業所税)	961
(12)　法人事業税・資本割圧縮措置の特例廃止	2,313

（13）不動産取得税に係る特例廃止	80
（14）産業振興等に係る特例廃止（事業税・不動産取得税）	66
（15）市町村交付金の特例の廃止（固定資産税・都市計画税）	434
（16）納税補助金等の廃止	286
	（31,435）
4．地方交付税への反映	55,023
5．税率配分の適正化（法人住民税）	6,992
地方税計	106,967
表1および表2の合計	380,310

5，税金は，豊かな社会保障を実現するために

　不公平な税制を見直すことによって38兆円もの税金が生まれたとして，それを，私たちの暮らしなかに，どのように生かしていけばいいでしょうか。私たち「不公平な税制をただす会」は，税金は社会保障にあてられるべきものだ，と考えています。国政選挙の前に必ずおこなわれる世論調査からも，安心できる社会保障の実現こそが国民の願いだということは明らかです。ですが，その具体的な国家・社会のイメージを描くことは，日本ではいまだ豊かな福祉を達成した経験がないこともあって，難しいところがあります。

　まず，福祉国家の生活保障がどのようなものか考えてみましょう。

◎**福祉国家型の生活保障とは何か？**

　都留文科大学名誉教授の後藤道夫氏は，福祉国家型の生活保障とは，賃金と社会保障をセットとして個人単位で設計されるべきものだ，としています（後藤道夫「おわりに　福祉国家ビジョンと介護保障」岡﨑祐司・福祉国家構想研究会編『老後不安社会からの転換──介護保険から高齢者ケア保障へ』大月書店，2017年）。

　それは，①生活できる賃金（所得）の確保，そして，②ライフコース上

の〈ヤマ＝特別な需要〉をすべての人が越えられること，この二つを実現することだといいます。

①では，賃金・営業所得によって勤労者本人が「通常の生活」をできることが大原則です。ここでいう，「通常の生活」というのは，「最低限度」ではなく，その地域・職域での標準的な生活のことです。

②は，結婚，2人以上世帯の居住の確保，子育て，教育，失業，家族と自分の傷病・障害，労働災害，親と家族・自分自身の要介護状態，高齢によるリタイアなど，その時々で必要となる〈特別な需要〉に対する保障が十全になされることです。

〈特別な需要〉に対する保障は，以下の3点にまとめられます。

（ⅰ）働いていない（働けない）人——子ども，職業訓練中の人，高齢者，失業者，傷病・障害者，産休中の人，家族ケアのための休業者——が，「健康で文化的な最低限度」の生活を送れるように，社会がその所得を保障すること。

（ⅱ）保育，学校教育，医療，介護，障害者福祉，母子保健，職業訓練などの基礎的社会サービスが必要になったときは，誰でもが，公的な責任によってそれを実際に保障されること。

（ⅲ）公的な住宅の提供や住宅補助制度などにより，すべての人に必要なかたちで居住が保障されること。

ところが，現状は「個人，世帯の所得と貯蓄，ローンを基本としてこれに対処する」という状態で，社会保険給付などで「支援」はしても，保障はしない，というのが日本の社会保障の考え方だと，後藤氏は指摘します。

これに対して，勤労者が1日8時間働けば本人の通常の生活をまかなえ，また，いかなるライフコース上のヤマがあろうとも，個々人のニーズに応じた基礎的社会サービスや所得を，公的責任によって充足するのが，福祉国家型の生活保障なのです。

◎福祉国家型の社会保障を実現するための財源

　後藤氏が提唱する福祉国家型の社会保障を実現するためには，かなり大きな財源が必要になります（後藤氏は，上記の考え方にもとづいて，現在の人口年齢構成を前提とした場合に，新たに必要になる公的支出を，30〜40兆円程度だろうと，試算しています）。

　「不公平な税制をただす会」は，この章で示したように，不公平な税制を見直すことで38兆円の財源が得られると試算しました。

　しかし，第3節でも税の使い方について検討しましたが，不公平な税制をただすだけでは，まだまだ足りないと思います。

　だからといって，消費税の増税にたよるのは不公平や格差をいっそう拡大することになります。消費税はそもそも欠陥の多い税金ですから，むしろ税率を下げ，やがて廃止すべきです。消費税にかわる新しい税金，応能負担の原則にかなう税金を考える必要があるでしょう。また富裕税の導入や，大企業の内部留保に負担を求めることも必要です。このようにして生まれた財源によって，日本にも，みんなが願う豊かな社会保障を実現することができる，私たちはそう考えています。

執筆者

荒川俊之（あらかわ　としゆき）　税理士，不公平な税制をただす会運営委員・事務局長

浦野広明（うらの　ひろあき）　立正大学法学部客員教授・税理士，不公平な税制をただす会代表委員

湖東京至（ことう　きょうじ）　元静岡大学教授・税理士，不公平な税制をただす会代表委員

菅　隆徳（すが　たかのり）　税理士，不公平な税制をただす会代表委員

谷　正幸（たに　まさゆき）　不公平な税制をただす会運営委員・事務局次長

中村幸夫（なかむら　ゆきお）　不公平な税制をただす会運営委員

編者

不公平な税制をただす会

1977年結成。1.累進税制の強化，2.総合課税の徹底，3.税
の優遇（差別）措置の撤廃，4.脱税の防止などをめざして税
制改革運動・研究を行う業者，市民，税理士・研究者らを
中心とした団体。年誌『福祉と税金』。

DTP　岡田グラフ
装幀　金子眞枝

消費税を上げずに　社会保障財源38兆円を生む税制

2018年1月15日　第1刷発行　　　　　　定価はカバーに
　　　　　　　　　　　　　　　　　表示してあります

　　　　　　　　　　編　者　不公平な税制を
　　　　　　　　　　　　　　ただす会

　　　　　　　　　　発行者　中　川　　進

〒113-0033　東京都文京区本郷2-27-16

発行所　株式会社　大　月　書　店　　印刷　三晃印刷
　　　　　　　　　　　　　　　　　製本　中永製本

電話（代表）03-3813-4651　FAX 03-3813-4656　振替00130-7-16387
http://www.otsukishoten.co.jp/

©Japan association to correct the unfair tax system

本書の内容の一部あるいは全部を無断で複写複製（コピー）することは
法律で認められた場合を除き、著作者および出版社の権利の侵害となり
ますので、その場合にはあらかじめ小社あて許諾を求めてください

ISBN978-4-272-11122-0　C0033　Printed in Japan

日米安保と戦争法に代わる選択肢
憲法を実現する平和の構想

福祉国家構想研究会編

渡 辺 治・

四六判四〇八頁
本体二三〇〇円

老後不安社会からの転換
介護保険から高齢者ケア保障へ

岡﨑 祐 司・
福祉国家構想研究会編

四六判四〇〇頁
本体二四〇〇円

安倍医療改革と皆保険体制の解体
成長戦略が医療保障を掘り崩す

岡﨑・中村・横山・
福祉国家構想研究会編

四六判二一六頁
本体一八〇〇円

死の自己決定権のゆくえ
尊厳死・「無益な治療」論・臓器移植

児 玉 真 美 著

四六判二三二頁
本体一八〇〇円

消費税増税の大ウソ
「財政破綻」論の真実

山 家 悠 紀 夫
井 上 伸 著

四六判一二〇頁
本体一二〇〇円

━━━ 大月書店刊 ━━━
価格税別

誰でも安心できる医療保障へ
皆保険50年目の岐路

二宮　厚美・
福祉国家構想研究会編　　四六判二四〇頁
本体一九〇〇円

公教育の無償性を実現する
教育財政法の再構築

世取山洋介・
福祉国家構想研究会編　　四六判五二〇頁
本体一九〇〇円

失業・半失業者が暮らせる制度の構築
雇用崩壊からの脱却

後藤道夫・布川日佐史・
福祉国家構想研究会編　　四六判二八〇頁
本体一二〇〇円

福祉国家型財政への転換
危機を打開する真の道筋

二宮　厚美・
福祉国家構想研究会編　　四六判三二〇頁
本体二四〇〇円

――――大月書店刊――――
価格税別